JN079998

人と人とが
つながりあえる
知と身体

——保育・身体・中動態

田代 和美

子どもの未来社

はじめに
・・・・・・・・・・・・・・・

　子どもと保育者が日常生活を営む保育の場は、子どもたちの育ちを支えるうえでの大切な場である。保育の場に定期的に伺わせてもらう機会を得てきた私は、子どもが、前回会った時とは別人のような姿になっていて驚かされるという経験を、何度もしてきた。その子の佇まい、人への向き合い方、物事への向き合い方などが、それまでの様子とまったく違っている。自分自身や周囲の人に肯定的になり、物事にも意欲的に取り組むようになっているのである。

　子どもの変化の背景には、保育者がその子と肯定的な関係を築こうと努力してきたプロセスがあった。その努力の1つに、保育者が、子どもの行為の見方を改めようとすることがあげられる。子どもの行為についての保育者の見方を肯定的に変えることによって、子どもの姿が肯定的に変わっていく。そのような変化を、何度も目の当たりにしてきた。

　保育の場では、保育者とつながりあえることが、子どもが自分から育っていくことの基盤になる。子どもと保育者の間には、目には見えにくいけれども、子どもたちが育っていくうえで大切なことがある。そのことを、これまで出会った保育者と子どもたちが私に教えてくれた。

　日々子どもたちと生活を共にしながら、どのように応じることがその子にとって最も良いことなのかを考え続ける保育者たちがいる。私は実践者ではないが、これまで保育の場に伺って、それを一緒に考えてきた。

　でも、それを考えながら実践していくプロセスで、子どもと保育者の間にはどのようなことが生じているのだろうか。特に、子どもと保育者

がつながりあえるまでに、そしてつながりあえたと感じられた時に、両者の間にはどのようなことが生じているのだろうか。

　子どもと保育者が、お互いにつながりあえたと感じられる経験とそれまでのプロセスは、感覚としてはわかるのだけれど、理路整然とした言葉にするのは難しい。もちろん、言葉で表現しきれないことが、実践の中には沢山ある。それらを無理やり言葉に押し込めるつもりはない。でも、感覚的なことだからとあきらめるのではなく、できるだけそれらに言葉で近づいてみたい。そう考えてきた。

　本書の初出は巻末に示すが、本書のテーマの発端となった第3章の初出の論文も、自分のクラスで過ごさずに、幼稚園内を転々として過ごす子どものことが気になっていた保育者が、それを話し合いの場に出したことがきっかけだった。その保育者は数日後に、「〇子ちゃんは、自分を探す私の批判的な目から逃れようとしているのではないかと思った」と話した。それ以降、その子が徐々に、自分のクラスで活動するようになっていったのである。

　感覚的には、なるほどと思えることである。また、省察によって気づきが生まれた実践事例の1つでもある。でも、人の育ちを支える大人としての在り方を、その保育者は体現していると私には思われた。そして、省察による気づきとして終わらせるのではなく、子どもに向ける自分の眼差しに気づけたこととその子と保育者との間に生じていたこと。それに少しでも近づきたくて、メルロ＝ポンティの感覚的世界の身体についての論考を頼りに考えてみた。

　その後、第1章に登場したA保育者に、子どもとの間での経験をインタビューする機会を得た。A保育者は語りの中で身体に言及することが多かったために、私は、障がいを持つ子どもとの間でのA保育者の経験

を身体の働きを中心に読み解いてみた。この分析に際しては、看護研究における現象学的研究の方法を参考にした。

　その後、保育者と話し合う機会を重ねてきたなかで関心を抱き、主語が後退する語り方と私が名づけていた語り方が、中動態という態での語り方だと、遅まきながら知ることになった。そこから、保育者は、どのような時に中動態で語るのか。中動態で語ることは、子どもとの関係とどのように関連しているのかを考えてきた。

　保育の場で生じたことの内実に少しでも近づきたくて、その時々で、様々な分野の研究に学びながら、それらを考えてきた。そのなかで、子どもと保育者の間に生じていること、特に子どもと保育者がつながりあえる経験と身体と中動態。これらは切り離せない関係にあるのではないかと考えるようになった。本書では、それらの関係を、探っていきたい。

第1章

障がいを持つ子どもの思いを感じることと
保育者の身体

1　A保育者にインタビューを行った経緯

　これまで筆者は、保育者との研究会や巡回保育相談の場で、保育者の方々と話し合う機会を持たせてもらってきた。そのような場では、関係を築くことが難しい子どもの保育が話題になることが多い。子どもとの関係が築けないなかでは、保育者は、その子がなぜそのような行為をするのかを理解しがたいのだが、それでも、その子の行為の意味を理解したいと願いながら日々の保育を営んでいる。そのような子どもの保育について話し合うなかで、筆者は、「自分の全感覚をはたらかせて、子どもの行為を知覚し、子どもの世界に出会」[1]っている保育者だから語れる、印象的な言葉の数々を耳にしてきた。

　保育者が語る印象的な言葉は、子どもとの間での体験を経た人ならではの言葉である。それらは、自然科学的な研究では、主観的な言葉として切り捨てられる言葉だと思われる。しかし保育者は、子どもとの間での体験を経て子どもの思いがわかるようになっていき、子どもは、自分の思いをわかってもらえて、そして、保育者の思いがわかるようになりながら育っていく。そのような体験を経たからこそ語られる保育者の言葉の中には、子どもの育ちを支える大人として大切なことがある。筆者はそう考えてきた。そして、それらの言葉を手がかりとして、子どもと保育者の関係を捉えようとしてきた[2]~[4]。

　相互関係の中で子どもを理解しようとする研究は、「自然科学的思考法によって子どもをコントロールしようとする 1960 年代の風潮に抗して「子ども学」を打ち出した」[5]津守真の研究[6]~[10]に始まった。その後も自然科学的アプローチでの研究が主流ではあるものの、相互関係の中での保育者の子ども理解についての研究は行われてきた[11]~[16]。

　しかし、「保育は、身体を動かし、心を通わせ、全身の感覚をはたら

かせてなすわざである。視覚や聴覚はもちろん、もっとそれ以上に、触運動感覚、身体感覚が主となって成り立っている。それをことばであらわそうとしても、あらわしきれない」[17]と津守が書いているように、実践の場面には、相互関係の中での理解であるとしても、子ども理解という言葉には収まりきれない、感覚や身体を伴う現象がある。

　子どもの思いが理解できずに悩んでいた状況から、子どもとの関係が良い方向に変化し始めてきた時に、保育者は、子どもを「理解できた」とは言わずに、「わかるようになってきた」「つながるようになってきた」と語る。その経験を踏まえて、筆者は理解という認識の言葉ではなく、実践の場における保育者の感覚や身体を伴う子どものわかり方を言語化することを試みてきた[18)19)]。

　保育者の語りを用いた研究は、近年盛んになされ[20~25)]、各々の研究目的に即して事前に質問を用意しつつも、状況に応じて質問の表現や内容を変える半構造化面接を行い、語りを質的に分析している。しかし、保育者の語りから、保育者自身が子どもとかかわるなかでどのような経験をしているのかを理解するためには、インタビュー項目や分析の視点を定めずに、保育者自身の視点から語ってもらう必要がある。そのような非構造化インタビューで保育者に語ってもらった研究は少ない。しかし、保育の観察記録を提出したうえで、非構造化インタビューを用いて保育者に自由に省察を語ってもらい、保育者自身の経験としての実践と省察を記述したうえで、省察の成り立ちと意味を明らかにした現象学的な保育研究[26)]がある。

　看護学の領域では、インタビューでの語りから、他者の経験がどのように成り立っているのかを理解しようとする現象学的な研究が盛んに行われている。それらは、患者や家族にとって、病気や障がいがどのように経験されているのかを理解しようとすることを目指す研究[27)~29)]や、あたりまえになっていて自覚されていない看護師の実践が、どのように

成り立っているのかを言語化することを目指す研究[30)～32)]である。保育者自身が、子どもとかかわるなかでどのような経験をしているのかを理解したいという本章の目的は、現象学的な看護研究における後者の研究と共通する。そこで、現象学的な看護研究を参考にして、保育者の語りを筆者ができるだけ理解したいと思って聞いたうえで、その語りから、子どもとかかわるなかで、保育者がどのような経験をしているのかを読み解いてみたいと考えた。

2　インタビューの目的と方法

　第1章では、学童保育に40年間携わり、そのなかで20年以上に亘って、障がいを持つ子どもたちとかかわってきたA保育者の語りを読み解く。

　A保育者は、これまで子ども、特に障がいを持つ子どもとのかかわりを難しいと感じながらも、子どもたちとつながりあえるように努め、自分の行為を振り返りながら学び続けてきた。そのA保育者が、先輩方から継承されてきた子どもとの向き合い方を次の世代の人たちに伝えるために、これまでの自分の経験を言語化しようと考えていたために、今回、インタビューを依頼することにした。

　インタビュー方法としては、子どもとの間でどのような経験をしているのかをできるだけ自由に語り出してもらうために、「Aさんとそれぞれの子どもとの間で展開される世界を聞いてみたい」という主旨以外は質問を決めない非構造化インタビューを用いた。また、A保育者が子どもとかかわるなかで経験していることは、必ずしも自覚的なことばかりではないために、聞き手ではあるが、語っている状況を共有したいと願う筆者との対話を通して、その経験が少しでも言葉にできるように対話式インタビュー[33)]を行った。

インタビューは1か月ほどの間隔を開けて3回行い、インタビュー時間は1回目が2時間18分、2回目が1時間48分、3回目が1時間37分だった。ICレコーダーの録音を逐語録にした1回目の逐語録は36枚（1枚は40字×40行）、2回目の逐語録は26枚、3回目の逐語録は25枚である。また、A保育者がインタビューを振り返って考えたことをメールで送ってくれたために、それも分析の参考にした。

　インタビューの回数は予め決めていなかったが、3回目のインタビューで、後述するCさんとのかかわりを話していくなかで、それ以上の言語化が難しそうだったために、3回でインタビューを終了して、また機会を改めることにした。逐語録はA保育者に渡し、次のインタビューまでの間に考えたことを含めた語りとして分析した。なお、論文公表に関する倫理的配慮に関しては、「日本家政学会誌投稿論文の倫理的観点に基づく審査」を受け、承認された。

　逐語録は、個人が特定されないように、内容を変更しない範囲で適宜変更を加えた。A保育者には、インタビューの逐語録および本稿をフィードバックして了承を得た。なお、逐語録に出てくる子どもたちは現在、在籍していない。

　第1章では、A保育者が、子どもとかかわるなかでどのような経験をしているのかを理解することを目的とするために、逐語録の中で、やりとりが具体的に語られた部分を中心に分析することとした。A保育者がやりとりを具体的に語ったのは、障がいを持つ子どもとのやりとりとアルバイト学生とのやりとりだったので、第1章では、主にその語りを抜粋して分析した。また、A保育者は、語りの中で身体に言及することが多かったために、分析していくなかで、A保育者が、障がいを持つ子どもの思いをどのように感じながら子どもとかかわっているのかを、身体の働きを中心に読み解くことが目的となった。

　語りの分析方法については、現象学的心理学のジオルジ[34]や現象学的

（解釈的）教育学のヴァン・マーネン[35]の方法がある。しかし第 1 章の目的は、自覚されていないことも含めて、A保育者の実践が、どのように成り立っているのかを明らかにすることであるために、目的に則して、看護研究における以下の分析方法を参考にした。

　インタビューに基づく現象学的研究を実践する村上靖彦は、データ分析を、①未知の現象の発見、②背景にある運動と構造の分析、③現象と現象の配置の構成の三つの段階[36]を行ったり来たりする過程であると述べている。分析方法としては、「語り手自身の意図からは独立して、語りの文法構造のなかに、行為主体の成り立ちが表現される」[37]ことに着目して、①語り手に固有の言葉遣いとしてのモチーフ、②それ自体ははっきりした意味を持たない「やっぱり」「なんか」などの現象の大きな構造を示すことが多いシグナル、③言い間違い、言い淀み、沈黙、同じ言葉の反復、主語と述語の不一致など、一見すると話題とは関係ないが、語り手が一度に様々なことを語ろうとするために複数の文脈が衝突して発生するノイズ[38]を分析対象としている。

　西村ユミは、事象のほうが示すとおりに分析の視点を見出すことを重視しているために、分析方法を明示していないが、実際に行っていることとして、気になる表現、引っかかる表現、言い淀みや矛盾、繰り返し、方向性を表す助詞などをマークしながら文脈に留意してデータを読み込み、語り方が示すことを読む[39]と述べている。

　本章ではこれらを参考にして、A保育者の語りを「文脈に留意して、当事者の視点から足を浮き上がらせずに」[40]語りを読み解くように努めた。

　以下では読みやすさを考慮して、分析として必要な部分以外での言い間違い、言い淀み、沈黙、同じ言葉の反復を省略している。

3　子どものリズムに身体を合わせていくことと間身体性

(1) 子どもとのやりとりのリズム

　1回目のインタビューの中では、障がいを持つ子どもや対人関係をう
まく築けない子どもたちが、A保育者が休みの日や退職後にも、つなが
りあえる相手を見つけられるように、子どもたちと他の職員やアルバイ
ト学生との仲介役ができればと願いながら仕事をしていることが語られ
た。そして、勘のいいアルバイト学生について語るなかで、リズムとい
う言葉が出てきた。以下の逐語録では、語り手AはA保育者、Tは筆者
である。

　T　でもそれ（勘がいいかどうか：筆者加筆）は、どうやってわかるん
　　　ですか？
　A　…そこは、子どもとのやりとりのリズムが合っている、やっぱり
　　　演奏と伴奏じゃないですけど。
　T　一緒にいる時の。
　A　一緒にいる時のアレで分かりますよね。やっぱり仕事として、キ
　　　チッと仕事をやる方もいますけど、別にリズム関係なく仕事をや
　　　られる方もいますよね。
　T　リズム。
　A　リズムっていうか、その…振動が合っているな、うまくこう共鳴
　　　しているっていうか。私も、よくそういう学生さんに、自閉症の
　　　子とのやりとりなんかを見て、全然話してる中身は一致していな
　　　いのに、何か一致していますよね。
　T　って言われる。

A　言われます。自閉症の子がたとえばあの…〇〇線を好きな子がいて、「次は－△△（駅名）です。…急行の待ち合わせをいたします」とか言っている時に、私が全然関係なく、「えー□□行きです」とか、全然関係のない電車の話をしていても、彼は嬉しそうに色々自分の話をしていて。まったくすれ違っているんですよ、話の中身は。でもそこであの…電車の話をお互いにしているんですけれども、それをお互いに楽しんでいるなっていうのを、その学生さんは見るわけですよ。「ただ話している中身はメチャクチャですよね」と学生さんは言います。

　…中略…

A　で彼は何か、〇〇線の電車の発車の音とかを色々やるので、私はわざと××線の自動ドアが閉まる時の「扉が閉まります。ご注意ください」（笑）とか言って。それで彼は、その自閉症の子は決してその…嫌な感じじゃなくておもしろがってやっているんですよね。うーん、まあ話の中身はメチャクチャですよね。でもその勘のいい学生に言わせると「一緒に楽しんでますよね。話の中身はメチャメチャですけど」。

T　っていうのが見えるんですね、その人にはね。

A　あっ、この子は何か見えてるな…。でそこで何がつながったんだろうねっていうようなことをチラッと話すこともありますけど…。やりとりの丁々はっちょうが合っていたのかもしれませんねとか。

T　ちょうちょうはっちょう？

A　はっちょう。そう、リズム的に彼の言ったリズムに対して私のリズムを合わせていると。

A保育者はこの時初めて、リズムという言葉を用いた。「演奏と伴奏」

16

という喩えや「リズムっていうか、その…振動が合っているな、うまく
こう共鳴しているっていうか」という言葉から、リズムが合うとは、子
どもの身体の動きのリズムや発話のリズムと調和して応じられることを
意味するのだと考えられる。

　ここで、子どもとリズムが合う例として語ったのが、内容としては、
やりとりが成立していないのにもかかわらず、自閉症の男の子の発話の
リズムにＡ保育者がタイミングよく呼応して、一緒にやりとりを楽しん
でいた時の話である。Ａ保育者は○○線がよくわからないので、自分が
わかる××線で応じたのだという。Ａ保育者はこの時の様子を「やりと
りの丁々はっちょうが合っていたのかもしれ」ないと語った。1回目の
インタビューでは、できるだけ自由に語ってほしかったために問い返さ
ずに、2回目のインタビューで改めて「丁々はっちょう」について聞く
と、「タイミングが実に面白く合っているんですけれども、中身はまっ
たく違っているという意味のことを話したくて、そういう風な言い方を
しちゃったんですけれども」と語った。

　「丁々はっちょう」は、丁々発止から転じたＡ保育者の造語である。
丁々発止はお互いが激しくやり合う感じがする言葉であるが、「ちょう
ちょう」に韻を踏んだ「はっちょう」が続くことで、「丁々はっちょう」
という言葉には、掛け合うノリの良さややりとりの滑らかさが感じられ
る。「丁々はっちょう」が合うとは、子どもの発話のリズムと調和して
応じることができている様子を表現しているのである。

（2）リズムに身体を合わせていくことで思いが感じられる経験

　Ａ保育者はアルバイト学生に「子どもと共振して何かができれば、も
うそれだけで十分なんですよ」「子どもがそこで、どれくらい楽しんで
いるかとか、どれくらいそこで困っているかとか、そこを感じとってい
ただければ、それで私は十分だと思う」と初めに伝えていると語った。

また、遊んでいる子どもたちの楽しさを、まるで自分が楽しいかのように感じられるようになると、アルバイト学生が、子どもとの間に何かを発見できそうだという期待を込めて、子どもの話をしてくれるようになる。それが楽しいとも語った。

　そしてA保育者自身が、その子との間に「何かがある」と期待を感じてかかわって、それが見つかった「ものすごく嬉しい」経験を一気に語った。それは、発音が不明瞭で、コミュニケーションも上手くとれないBさんが、他の子が遊んでいる物を不意に壊したり、特定の子どもを叩いたり突き飛ばしたりてしまう、保育者にとって緊張を要する状況が続いていた時の話であった。Bさんとかかわる機会が増えていくなかで、彼女が力を込めて、こうしたいと身体で意思表示をしたり、駄目だとあきらめると、急に身体の力が抜けていったりすることにA保育者は気づいた。そして、「この子は何か言いたい、何か伝えたい、何かこう…出したいんだけれども、上手に表現できないから、こういう風な形で出てしまっているのではないだろうか」と思っていたという。

　「根拠がなかった」ので「確信を持って」いなかったが、それを同僚にも伝えて「ずっとBさんとやりとりして待って」いた時、模造紙大の大きさの紙に、素材もテーマも自由に絵を描くというA保育者が主催する行事が行われた。その時にBさんは、2時間近く集中して絵の具で絵を描き、大きな画面いっぱいに「形はおぼつかない」が「すっごくこう明るい色で、こちらに飛び出してくるような色で」風景のようなものを描いたという。そして、手段が見つかれば彼女の伝えたい思いは表現できるという「何か」が見つかった嬉しさを、「あー良かった。この場に出合えて良かった」「この子が表現する場面に出合えたっていうのはすごく…ラッキーだったなー」と語った。

　1回目のインタビュー後のメールには、その後、Bさんが特定の子どもを叩かなくなったことが書かれていた。

2回目のインタビューで「子どもの側のリズム、子どもの側の時間の流れに私の身体を合わせていくのが、子どもが遊べている時の私たちの仕事なのかなあ」とA保育者が語ったので、Bさんとの間でのリズムについて聞くと

A　遊んでいる時はわかります。ズレたなとか上手くいっているなっていうのは、彼女との間でお互いに感じますよね。
　　昨日もブランコに乗ってカレーライスの話をしていて…楽しそうだなあっていう感じで、私は横で砂遊びをしている1年生の方を見ながら、裏側のブランコの…見なくてもブランコの様子が（笑）伝わってくるから…そういう時は…身体の何かが合っているんだろうな。
　　ただ、いきなり彼女はブランコを降りてタタタターって走り出したりすることがあるので（笑）。そうなった途端、リズム合わせのレベルの状態でなくなって、私は彼女がどこに向かって行こうとしているのかとか、何をしようとしているのかを…推測してっていうか。行き先がだいたいわかると、そこで動くか、大丈夫だと思ってそのままでいるか、走って行ってでも止めなきゃいけないかっていうのを…即座に判断しているんだろうなとは思います。ただ何となく、後ろで楽しそうに遊んでいるのが背中で感じられる時は、安心して1年生の砂遊びの（笑）お手伝いしたりとか…していますね。

　そう語った。「身体の何かが合っている」のがA保育者の言うリズムが合っている状態である。ここでは、リズムが合っているのかズレているのかを、「彼女との間でお互いに感じ」、見ていなくてもBさんの楽しさを感じられるA保育者の様子が語られた。「丁々はっちょう」の語り

のように具体的な行動を共にしていなくても、A保育者の身体がBさんの身体のリズムに合っていることで、A保育者は、Bさんの楽しさを感じながら、それを共有しているのである。

　メルロ＝ポンティは、「哲学者とその影」（『シーニュ2』に所収）で、私の身体が物を知覚するための基礎を、私の右手と左手が互いに触れる──触れられる関係にある感覚的経験に置く。そして私の身体が「感じるもの」であり、かつ「感じられるもの」であるという関係が、「私の身体を私と物との絆たらしめている」[41)]のだと述べる。そしてそれは、私の身体と他者の身体の間の結びつきにも生じると述べて、間身体性を以下のように説明する。

　　もし私が他人の手を握りながら、彼のそこにいることについての明証をもつとすれば、それは、他人の手が私の左手と入れかわるからであり、私の身体が、逆説的にも私の身体にその座があるような「一種の反省」のなかで、他人の身体を併合してしまうからなのである。私の二本の手が「共に現前」し「共存」しているのは、それがただ一つの身体の手だからである。他人もこの共現前の延長によって現われてくるのであり、彼と私とは、言わば同じ一つの間身体性の器官なのだ[42)]。

　間身体性という視点からA保育者の語りを読み解くと、Bさんの楽しさを感じている時のA保育者の身体は、ブランコに乗ってカレーライスの話をしているBさんの身体を、A保育者の身体の延長として、自分の楽しさの「〈内的〉経験などから何一つ借りてこなくとも」[43)]Bさんの楽しさを感じていると言えるだろう。リズムが合ってBさんの楽しさを感じている時には、A保育者の身体は、Bさんの身体と1つの間身体性の器官となっているのである。1つの間身体性の器官としてその子の思い

を感じられる経験については、第3章でメルロ＝ポンティの論を手がかりに考えたい。

　A保育者は、「見なくてもブランコの様子が伝わってくる」と語った。「楽しそうだなあ」とBさんの楽しさを感じているのはA保育者である。それにもかかわらず、ここでのA保育者は、「ブランコの様子が伝わってくる」と中動態で語った。この語りでは、「子どもの側のリズム、子どもの側の時間の流れに」A保育者が「身体を合わせていく」と語る時は、A保育者が主語となっている。しかし、A保育者の身体がBさんの身体のリズムと合って、1つの間身体性の器官となり、Bさんの楽しさを感じられている時の語りは、Bさんの様子が主語となった中動態での語りになっている。「ただ何となく後ろで楽しそうに遊んでいるのが背中で感じられる」という語りも、中動態での語りである。

　A保育者にインタビューを行った時点では、中動態の存在を知らなかったために、このような語り方を、筆者は、主語が後退する語り方と名づけていた。第2章のテーマとなる中動態とは、「私」を主語とするのではなく、私が場所となって出来事が自然に生じる様子を示す表現である。1つの間身体性の器官としてつながりあえている時のBさんの様子が中動態で語られたことについては、第2章で改めて考えたい。

　言葉でのコミュニケーションが苦手な子どもとの間で、A保育者は子どもの身体の動きのリズムや発話のリズムに自分の身体を合わせていく。それによって、その子の身体と1つの間身体性の器官となったA保育者の身体は、その子の思いを感じて、その子とつながりあえている。A保育者は、言葉でのコミュニケーションが苦手な子どもと、どのようにしたらつながりあえるのかを模索するなかで、子どもの身体と1つの間身体性の器官になるための自分の身体の使い方を身につけて、それを「リズムを合わせる」という言葉で表現した。

　また、ここでは、Bさんが急にブランコから降りて走り出す時の様子

も語られた。彼女の行動を推測して、自分の対応を即座に判断できるという語りからは、Ｂさんの行動の予測や、必要な自分の対応についての判断が、これまでＢさんのリズムに身体を合わせて、Ｂさんの身体と１つの間身体性の器官となった身体でＢさんの思いを感じ続けてきたことに基づいて、即座に可能になっていることが窺える。

　しかし、インタビューの初めに名前が出たＣさんとのかかわりについての語りの中では、Ａ保育者はリズムという言葉を用いなかった。そこで、以下では、その子のリズムに身体を合わせていくことで、その子の思いを感じて、つながりあえる関係として語られなかったＣさんとの関係において、Ａ保育者がＣさんの思いをどのように感じているのか、Ａ保育者の身体はどのような働きをしているのかを読み解いてみたい。

4　リズムを合わせるのが難しいＣさんとの関係

　１回目のインタビューで、筆者が「保育の場でのＡさんとそれぞれの子どもとの間で展開される世界を聞いてみたい」と話した時に、真っ先に出たのはＣさんの話だった。アスペルガー症候群という診断を受けているＣさんは、状況判断が苦手な子どもで、下校後にＡ保育者の所に直行して、その日に自分がわからなかったことを質問してくるという。そのことを、「うーん、私じゃなければいけないっていうんじゃ困るなとは思っているんですけれども、ただ、私との経験を通して、自分がわからない時には、他人を介して状況を掴むということを、彼女はもっと習得していけたら…中略…随分その生きにくさは変わるんじゃないのかなっていう期待を込めて、私はやっているんですけれども」と語った。

　Ｃさんとの具体的なやりとりにまで踏み込んだ話にはならず、Ｂさんの話や障がいを持つ子どもの学童保育の世界に入ったきっかけに話題は移ったのだが、インタビューの最後に、「思い出しちゃったんですけど」

と、Ｃさんが A 保育者にしがみつく話をし始めた。「話がある時に、私の身体にガッ、こう両腕で…動きが取れなくなって困るんですけど。そういう時って彼女はどうしても伝えなきゃいけない何か、うまく言葉に出せないんですけれども、何かを持っている時だなっていうことだけはわかるんですよ」と話した。

　2 回目のインタビューでは、Ｂさんの話に区切りがついたところで、再びＣさんの話が出た。彼女が「その場の雰囲気に合わせた発言がなかなかできない」ことや、A 保育者が他の子どもの怪我の手当てをしている時にいきなりやって来て、「先生、チョコパフェとイチゴパフェとどっちが好きですか」というような、状況と無関係な定型化した質問をしてくることが語られた。また、宿題の文章題がわからなくて、どこでどう躓くのかを A 保育者が一緒に探ったりしながらかかわっているうちに、みんなにわかることが自分にはわからなくて辛いという話を徐々に、A 保育者にするようになったと話した。また、ブランコに乗りたいけれど、代わってもらえずにどうしたら良いのかがわからない時や、よく知らない子どもが加わっている人形遊びに、どうやって入ったら良いのかがわからない時には、ガシッとしがみついて身体で伝えてくると語った。

　2 回目のインタビュー後のメールには、「Ｂさんとはやりとりが積み重ねられて、まるで足し算のようにお絵描きの日を迎えたような感じだったのと違い、Ｃさんとは、出会ったその場その場で感じとっていかなければならない何かがある」と書かれていた。Ｃさんの思いは、リズムに身体を合わせることで感じられるＢさんの思いのようには、わかってあげられないと A 保育者は感じていた。出会ったその場その場で感じとっていかなければならない何かとは、どのようなことなのだろうか。

　A 保育者はどのようにしてＣさんの思いを感じているのか。それを筆者もわかりたいと思ったこともあり、3 回目のインタビューは、Ｃさん

とのかかわりが話の中心になった。Ｃさんとのかかわりについての語り
の中では、Ａ保育者がこれまで用いてきたリズムという言葉が出てこな
かったため、あえてＣさんとのリズム合わせについて聞くと、

 Ｔ Ｃさんとのリズム合わせってどんな感じ？　具体的なやりとりの
   場面はすごくわかったんですけど、彼女と…Ａさんが大事にされ
   ている相手のリズムを感じとるっていう…。

 Ａ …身体で受け止める…。

 Ｔ ことに関して、Ｃさんとの関係の中でのリズム合わせって。

 Ａ ………

 Ｔ 前にお話された男の子、〇〇線の。

 Ａ はい、あの自閉症の男の子ですね。

 Ｔ 彼なんかだと。

 Ａ 割とトントンっていく。

 Ｔ 中身は全然関係ないけど、タイミングは合ったリズム合わせがで
   きる訳ですよね。

 Ａ ええ、ちぐはぐな内容を話しつつも、会話のリズムは合っている
   んです。

 Ｔ 合っているっていう感じで言うとＣさんとの…。

 Ａ …Ｃさんとの場合は、お互いに調整するのにかなり…手間暇かか
   るというか、その…リズム合わせをするまでの間の…楽器の音合
   わせじゃないですけど…しばらくかかる（笑）。私も彼女の状況
   をこう…その時その時でこう、別人ではないんですけど、別の状
   況に置かれている彼女が出現してくるから、それを私なりにこう
   …ある程度、掴み取るっていうか、ある程度こう…話しやすくな
   るまでに…ちょっと時間がかかります。

 Ｔ それは、ガシッて来る時の…。

A　ガシッて来なくても。

T　来なくても。

A　はい。「チョコパフェが好きですかイチゴパフェが好きですか」
の時でも、「◎◎駅には準急電車どうして停まるんですか」の時
でも。うーん…ストレートに私の身体をこう…まあ、緩めるって
いう言い方は変ですけど、子どもが来た時に非常に柔らかい状態
にして…子どもとのこう…やりとりに入ろうというところに、す
んなりとは入れない。

　Cさんと会話のリズムが合わせられるまでの状況を、A保育者は10
秒の沈黙を経て、また、「こう」という言葉を挟んで、言葉を探しなが
ら語った。Cさんとお互いに会話のリズム合わせをするまでに手間暇が
かかる様子は、調和しない音を合わせていく楽器の音合わせに喩えられ
た。「出現してくる」という言葉からは、唐突にやりとりが始まること
が窺える。

　ここでの語りからは、子どものリズムに合わせるために、A保育者は
身体を緩めて、非常に柔らかい状態にしていることがわかる。A保育者
は、身体をこの状態にすることを「身体の構えをとる」と表現した。身
体を緩めて、非常に柔らかい状態にする「身体の構えをとる」ことと
は、子どもを対象化する意識に支配されている身体から、意識を外そう
と意識するのではなく、A保育者が獲得した身体の使い方である。身体
の構えをとって、子どものリズムに合わせていくことによって、A保育
者の身体は、子どもと1つの間身体性の器官になるのだと考えられる。

　その子の身体の動きのリズムや発話のリズムに合った1つの間身体性
の器官としてのA保育者の身体は、その子の思いを感じられる。そのこ
とは、A保育者が、アルバイト学生に初めに、「子どもと共振して何か
ができれば、もうそれだけで十分なんですよ」「子どもがそこで、どれ

くらい楽しんでいるかとか、どれくらいそこで困っているかとか、そこを感じとっていただければ、それで私は十分だと思う」と伝えていることからも読みとれる。Ａ保育者の語りにおいては、子どもの身体のリズムに自分の身体のリズムを合わせられるようになることと子どもの思いが感じられることは同じことを意味しているのである。

　しかし、唐突に「出現してくる」Ｃさんとの間では、この身体の構えをとれるようになるまでに時間がかかると言う。その典型的な場面が、どうしたらいいのかわからないＣさんが、いきなりＡ保育者にしがみついてくる場面である。

　　Ａ　何事かっていう…受け止めになっちゃいますね。
　　Ｔ　その時は彼女のリズムを感じとっちゃうっていうか。
　　Ａ　すごく、動揺しているなあっていうのも…直接私の身体でも…感じちゃいますねえ。
　　Ｔ　そこはリズムを合わせる合わせないじゃなく。
　　Ａ　合ってしまう、合ってしまっているのか…もう合わせられてしまっているっていうんですか。自分が合わせているのではなくて、もう…他のなんか…なんて言っていいんでしょうねえ…私の…コントロールを超えた世界での出来事に近いかな。

　ここでは、Ｃさんが動揺していることをＡ保育者が感じるのではなく、Ｃさんの身体の動揺にＡ保育者の身体が巻き込まれて、一緒に動揺してしまう様子が語られた。Ａ保育者が身体を緩めて、非常に柔らかい状態にする身体の構えをとろうとする前に、Ａ保育者の身体が、Ｃさんの身体の動きに巻き込まれて共振してしまっていると言えるだろう。これは、メルロ＝ポンティの言葉を借りれば、「感覚にすっかり身をゆだねるときにおちいるような種類の麻痺状態」[44]である。しかし、この麻

痺状態も身体の応答である。この状況でのＡ保育者は、自分の身体の状態が感じられる「体勢がとれる」まで、Ｃさんに「ちょっと待ってもらう」のだと語った。

5　Ｃさんとつながりあえた経験とＡ保育者の身体

　２回目のインタビュー後のメールには、「彼女には ASD（自閉症スペクトラム障がい）に特有の対人関係の困難さがあるが、言語によるコミュニケーションが可能なので、具体的な場面ごとに正しい言動を示し、それができたら褒めていくように」と専門家から助言されたことが書かれていた。Ａ保育者は、そのような方法の有効性を認めつつも、子どもを対象化して操作しているようで馴染めないこと、自分の彼女とのやりとりは直感対応だったということが書かれていた。
　それを踏まえて３回目のインタビューでは、Ｃさんがしがみついて訴えてきた時のＡ保育者の「直感対応」を巡る話がなされた。

　Ｔ　彼女には言葉で返してあげた方がいいという意味では、認知行動療法も同じですよね。
　Ａ　有効性はわかるし、場合によっては…そういう方法もアリなんだろうなとは思うんですけれども。ただ、私が子どもと向き合っている場合にはあんまり有効に働かないな。
　Ｔ　そこって何が違うんですかね。
　Ａ　………
　Ｔ　直感対応と（笑）Ａさんの言う。
　Ａ　Ｃさんとやりとりする時には、こうすればこうなるという見通しは…ない…ですよね。…認知行動療法って非常に見通しを立てて、この場面ではこういう風にしてっていう風に答えが出やす

い、答えっていうか方法を導きやすいと思うんですが。私がＣさ
　　んとやりとりする場合には…今、言葉で説明するって言いました
　　けど、意図的に言葉で説明するようにしているというよりは、そ
　　の場のなりゆきの中で言葉を使った説明をしてしまうと。
Ｔ　なりゆきで。
Ａ　なりゆき…だからそこでは、それは彼女の表情とか動きとか緊張
　　とかを感じながら…どういう…進め方をしていく…なかでそれが
　　こう…彼女にとってわか、次への行動につながっていくのかって
　　いうのを…探りながらやりとりするなかで言葉が出てくるのかな
　　と。

　最後の語りは、一度に複数のことを言語化しようとしているために、
脈絡がわかりにくくなっている。「どういう…進め方をしていく」は
「それがこう…彼女にとってわか、次の行動につながっていくのかって
いうのを…探りながら」と語り直されている。
　この語りからは、「直感対応」のやりとりの中で、Ａ保育者は「彼女
の表情とか動きとか緊張とかを感じながら」と、どのように進めれば、
彼女の「次の行動につながっていくのかっていうのを…探りながら」を
同時に行っていることが読みとれる。2つのことを同時に行うなかで
「それは（感じていること）」と「それが（探っていること）」が言葉として
出てくるのである。そして、感じていることと探っていることが言葉と
して出てくる「直感対応」のプロセスを、詳細に語ってくれた。
　以下は、前述のインタビューの続きである。

Ｔ　それは、こういう場合にはこうしますよという対応とは違うもの
　　で…その時その時。
Ａ　はい…………なんかこちらも、彼女のこう…伝えたいメッセージ

のようなものが…こう…うまく触れたなっていう時にうまい言葉
が出るんですよ。…そこのところはもしかしたらリズム合わせを
しているのかもしれませんね。

T　うまく触れたなっていうのは…彼女、でもあんまり表情ないんで
　　すものね。何か、でも彼女を見て感じるんですよね。

A　見て触れてですよね。向こうからあの…掴んでますから。その強
　　さとか…私の回答によっては…私がうまく彼女の思いにヒットし
　　た回答じゃないと、さらに強くギュッときますから、わかってほ
　　しいっていう感じできますから、その辺は。

T　あっそうっていう時は、緩むのかしら。

A　緩みます緩みます、はいはいはいはい。

T　あっそうなのって。

A　ええええええ。

T　自分の思っていることに近い。

A　あーブランコ待ってたのっていう、そこでの状況を私が把握でき
　　て、こちらもあーそうかそうか今ブランコ（笑）。まだ頭の中で
　　はブランコに乗りたくてその…うまく言えなくてっていうところ
　　まで頭は行ってないけれども、あーブランコの所で何か困ったん
　　だなっていうのがわかった段階で、彼女の方も緩みますね。

T　それはAさんにわかってもらったこともあるけど、自分が、あっ
　　そうなのっていう…自分の中で腑に落ちたみたいな…感じです
　　か。

A　そうですね。お互いに腑に落ちたところで、うん。

T　じゃあそこは、リズムって言っていいかわからないけど、彼女の
　　身体の動きを感じながら。

A　ええ、彼女の硬さがとれると同時に私の硬さも同時に…ほぐれる
　　のかなあ、うん。

T　じゃあ、やっぱりリズム合わせをしている…合わせじゃないの
　　か。

A　………何とかつながろうとお互いにして…多分つながったという
　　感触のところで、ええええ緩むのかなあ、うん。

T　そうか、リズム合わせっていうか、合うのか。

A　そうなんです、私の力じゃないんですよね。

T　合う、たまたまそこで二人で腑に落ちた。

A　ええ、そんな感じですよね。あーそうか、そこか。あーわかって
　　くれたっていう。

T　ところで合うのかなあ。

　A保育者は、しがみついて片言で訴えるCさんの伝えたいメッセージ
を推測している。それと共に「見て触れて」、Cさんの表情や掴む力の
強さなどを身体で感じている。しかしその身体は、Bさんについての語
りのように、身体のリズムが合って、Bさんの楽しさが伝わってくる身
体としてではなく、Cさんの伝えたいメッセージに近い言葉が出ること
で「緩む」「硬さがとれる」「ほぐれる」身体として語られた。

　この部分のインタビューは、A保育者と筆者の語りが、かみ合わない
ままに進行している。筆者は、Cさんの身体が緩むのか、とCさんの身
体について問いかけて、その後もCさんの身体の動きについて語ってい
る。しかしA保育者は、Cさんの身体とA保育者の身体が「お互いに」
「同時に」連動する様子を語り続けている。この齟齬は、この時点での
筆者には、リズムを合わせていくことと、1つの間身体性の器官になる
ことの違いを理解できていなかったことから生じている。筆者は、Bさ
んの話と同様に、A保育者の身体がCさんの身体のリズムと合っている
ことで、Cさんの思いを感じていたと想定しながら語っていた。しか
し、A保育者は、Bさんとのかかわりとは違って、Cさんのリズムに身

体を合わせようとしてはいなかったのである。リズムを合わせようとしていなくても、A保育者の身体は、Cさんの身体と1つの間身体性の器官となって連動することで、Cさんの思いを感じていたのである。

　この一連の語りの中で、A保育者は、Cさんの「伝えたいメッセージのようなものにうまく触れた時にうまい言葉が出る」と語り、「そこの所はもしかしたらリズム合わせをしているのかもしれませんね」と語った。A保育者の語るリズムとは、あくまでも子どものリズムであり、A保育者の身体で合わせていくものなのだった。しかし、必ずしもA保育者の身体が合わせていくものとしてリズムを捉えていなかった筆者は、「リズム合わせっていうか、合うのか」と話し、それに対してA保育者は「そうなんです、私の力じゃないんですよね」と応えている。

　リズム合わせができる時には、A保育者は子どもの身体のリズムに合わせられるように、自分の身体を非常に柔らかい状態にする身体の構えをとっている。しかし、Cさんとの「直感対応」でのA保育者の身体は、まず、しがみついて訴えてくるCさんの身体の動揺にA保育者の身体が巻き込まれる。巻き込まれた状態から距離を置いて、自分の身体を感じられる体勢になったA保育者の身体は、Cさんのリズムに合わせられるような、非常に柔らかい状態ではない。しかも、ここでのA保育者は、Cさんが訴えているメッセージを必死で推測しているのである。前述のBさんがブランコを降りて走り出す時の語りにあったように、「リズム合わせのレベルの状態」ではなかったのである。それでもA保育者の身体は、Cさんの身体と1つの間身体性の器官となって、Cさんの身体と連動していたのである。

　A保育者は、Cさんが訴えているメッセージを推測して、Cさんに伝える。A保育者の言葉を聞いて、Cさんの表情やA保育者を掴む力の強さが変わる。Cさんの身体と1つの間身体性の器官となっているA保育者の身体が、その変化に連動してCさんの思いを感じる。それを根拠に

して、A保育者は、その推測がCさんの伝えたいメッセージに合っているのか否かを判断していたのである。

　A保育者は、Cさんについての語りの中では、Bさんとの関係のようには自分の身体の使い方について語っていない。しかしA保育者の身体は、Cさんの身体の動きに巻き込まれたり連動したりし続け、それによってA保育者はCさんの思いを感じていたのである。

　以下も、前述のインタビューの続きである。

A　それはこう…なんて言うんでしょう。認知行動療法だと計画的に先に進められそうなイメージがありますけれども、どちらかというと不意にやって来ますよね、フワッと。…なんか、向こうから何かがやって来るような感じで。別に彼女も…彼女が何かして、私が何かしてっていうんじゃない。何かがこうフワッとやって来るような感じで…あーそうかっていうような感じでやって来ますよね、それが。……だから表現する時は1人称と2人称でやっているけど3人称の何かがフワッと（笑）やって来るのかなあ。ちょっとうまい表現できないんですけれども…うん……対象化する意味での3人称じゃないよなあ（小声で：筆者加筆）…なんなんだろうなあ……でも、何か努力をして私が理解をしたんじゃなくて、何ーかがやって来て、あーそうかってわかったという感じになりますよね（笑）。まああまり言うとヤバイんですよね。宗教的になっちゃうし、他人への説明が難しくなっちゃいますからね。

T　でもその時はこう…めまぐるしくいろんなことを考えてるわけですよね。

A　多分見つけたいと思って。

T　見つけたいと思って。

A　必死に。

T　多分ブランコ絡みかなとか、そこに誰がいてとか（笑）、なんかババババーって。

A　とかね、彼女の言う表現の、片言の表現の、必死に伝えてくることの断片を繋ぎ合わせたりとか、はい、状況見たりとか。

　Ｃさんの伝えたいメッセージは「何かがこうフワッとやって来るような感じで」やって来て、「あーそうかってわかったという感じ」になって、お互いの身体が緩むとＡ保育者は語った。

　この語りでは、「フワッと」という言葉が３回、「やって来る」という言葉が６回繰り返された。この繰り返された「フワッと」は、「何か」が重量感を持たないことを、繰り返された「やって来る」は、その「何か」との間に距離があることを示している。Ｃさんが「伝えたいメッセージ」を「彼女の表情とか動きとか緊張とかを感じながら」、そして「どうすれば彼女の次の行動につながっていくのか」を「探りながら」やりとりするなかでわかったことは、身体から離れたどこかから、重量感を持たずにやって来るのである。

　Ｂさんについての語りでは、Ｂさんの楽しさは、Ｂさんの身体と１つの間身体性の器官となったＡ保育者の身体で感じられ、そのＢさんの様子をＡ保育者は中動態で語った。それに対して、必死に推測して閃いたＣさんの伝えたいメッセージは、Ａ保育者の身体から離れたどこかから、フワッとやって来ると語った。私を場所として出来事が自然に生じる様子を表現する中動態とは異なるが、しかし、私が理解したという語り方ではなく、理解が自然に生じたかのように語られているという点で、この語り方は中動態での語り方と共通している。

　Ａ保育者は、Ｃさんの表情や動きや緊張を感じながら、Ｃさんが訴えていることをわかってあげたいという一心で、必死にＣさんの断片的な

言葉をつなぎ合わせたり、言葉と状況をつなぎ合わせたりしていた。つなぎ合わせていたのはＡ保育者なのだが、しかしＡ保育者は、それを、言葉を発しているＣさんの立場で行おうとしていた。

　そして、つなぎ合わせたうえでの推測が合っているのか否かを、Ｃさんの表情や掴む力を感じることで判断していた。わかってほしいとＣさんが必死に訴えていることを、Ｃさんの立場に立って感じ、理解しようとしていたのである。それらを行っているなかで、一瞬、Ｃさんの立場に立てたＡ保育者に、Ｃさんの断片的な言葉や言葉と状況がつながった。そのことを、Ａ保育者は「何かがフワッとやって来る」と感じたのではないだろうか。この点については、第５章でもう一度考えてみたい。

　この後、長い沈黙を経てＡ保育者は、「チョコパフェが好きですか、イチゴパフェが好きですか」と聞いてくる時などは「なんか緩く通じ合っている感じがするんですけれども、ブランコの時とか人形遊びの時は、ピターッと嵌まったなという印象を持ちましたね」と語った。

　「先生、チョコパフェが好きですか、いちごパフェが好きですか」といきなり聞いてくる時にも、Ａ保育者が身体の構えをとって、Ｃさんとのやりとりのリズムを合わせられるようになるまでには、少し時間がかかる。それでも、お互いにやりとりのリズムを合わせようとして、「緩く通じ合っている感じがする」と語っていた。それに対して、「ピターッと嵌まった」という言葉は、身体のリズムが合って通じ合うのとは異なり、凹凸のパズルが嵌って合致したイメージが浮かぶ言葉である。「ピターッと嵌まった」とは、Ｃさんの伝えたいメッセージが閃いたことで、「あーそうか、そこか。あーわかってくれた」と２人がつながりあえたことを表現しているのだと考えられる。そして「ピターッと嵌まった」ことで、お互いの身体が一緒に緩んだのである。

　Ｂさんとの関係では、身体の構えをとれている、非常に柔らかい状態

のＡ保育者の身体は、Ｂさんの身体のリズムに合わせていくことで、Ｂさんの身体と１つの間身体性の器官となって、Ｂさんの思いを感じることができる。それはＡ保育者が身につけた身体の使い方である。そして、その積み重ねによって、Ｂさんの行動が予測できるようにもなっている。しかし、Ｃさんとの関係でのＡ保育者の身体は、１つの間身体性の器官となってはいるものの、Ａ保育者にとっては、Ｃさんの訴えたいことがわかって「ピターッと嵌まった」ことで、Ｃさんと一緒に硬さが緩んだ身体である。わかった結果としてＣさんと一緒に硬さが緩んだＡ保育者の身体は、Ａ保育者にとって、今後、それを手がかりとしてＣさんの思いを感じられる媒体としては機能しない。だからＡ保育者は、Ｃさんに対しては「その場その場で感じとっていかなければならない何かがある」と思っていたのだろう。

それでも、場面ごとに正しい言動を示して、それができたら褒めるという対応方法ありきではなく、まずはその場その場で「出現してくる」Ｃさんの伝えたいことをわかってあげたいと思うから、身体が感じることと推測して探ろうとすることの２つの側面から、Ｃさんの伝えたいメッセージをわかろうとする「直感対応」という手探りの対応をしてきたのだろう。

どうしてよいかがわからなくて困った時に、いきなりＡ保育者にしがみついてくるＣさんの伝えたいメッセージをわかってあげたい。どうすればよいのかを一緒に考えてあげたい。そう考えて「直感対応」をしているＡ保育者にとって、Ｃさんとの間では、Ｃさんが訴えている具体的な内容を推測することが必要になる。だから、Ｃさんとの関係についての語りの中では、リズムという言葉が出てこなかった。しかし推測するプロセスにおいて、Ａ保育者の身体は、Ｃさんの身体と１つの間身体性の器官となって連動することでＣさんの思いを感じて、Ｃさんの伝えたいメッセージを推測することを下支えしていたのである。

6　A保育者の語りが示唆すること

　ここまで、A保育者の障がいを持つ子どもとのかかわりについての語りを、身体の働きを中心に読み解いてきた。Bさんとのかかわりについての語りでは、Bさんの身体と1つの間身体性の器官となっているA保育者の身体は、Bさんの楽しさを感じられていた。そして、その時のBさんの様子は、中動態で語られた。困ったことが生じた時に、いきなりしがみついてくるCさんとのかかわりについての語りでは、Cさんの伝えたいメッセージを推測している時に、Cさんの身体と1つの間身体性の器官となっているA保育者の身体は、Cさんの思いを感じることで、それを下支えしていた。

　A保育者の語りが示唆することの1つは、間身体性の器官としての身体が、子どもの思いを感じたり、子どもの伝えたいメッセージを理解することを下支えしていることである。そしてもう1つは、1つの間身体性の器官となった身体が、その子の思いを感じることと中動態表現には何か関係があるのではないかということである。1つの間身体性の器官となった身体が、その子の思いを感じることについて。そして、それと中動態との関係。本書ではこの先、これらを探っていきたい。

（引用文献）

1)　津守真．子どもの世界をどうみるか　行為とその意味．日本放送出版協会，1987，134
2)　田代和美．こどもと共に生きる在りようを問う視点からの省察についての一考察―A・シュッツの自己理解と他者理解についての論をふまえて―．日本家政学会誌．2013，64（6），299-306

3) 田代和美. ネル・ノディングズのケアリングにおけるケアする人について—ケアする人としての保育者を養成するための手がかりを求めて—. 大妻女子大学家政系紀要. 2014, 50, 49-58

4) 田代和美. 「子どもの思いを理解したい」と努める保育者の専門性とは—B・ヴァルデンフェルスの「垂直の次元」と「水平の次元」および「間の領域」の視点から問い直す—. 大妻女子大学家政系紀要. 2015, 51, 57-64

5) 西隆太朗. 津守眞の研究史における「子ども学」の視座. 児童学研究. 2020, 44, 32-36

6) 津守真. 子ども学のはじまり. フレーベル館, 1979

7) 津守真. 保育の体験と思索. 大日本図書, 1980

8) 津守真. 前掲1)

9) 津守真. 保育の一日とその周辺. フレーベル館, 1998

10) 津守真. 保育者の地平　私的体験から普遍に向けて. ミネルヴァ書房, 1997

11) 上野ひろ美. 「子ども理解」に関する教授学的考察. 奈良教育大学紀要, 人文・社会科学. 1993, 42 (1), 81-96

12) 浜口順子. "保育実践研究における省察的理解の過程." 人間現象としての保育研究　増補版. 津守真, 本田和子, 松井とし, 浜口順子著. 光生館, 1999, 155-191

13) 吉村香, 田中三保子. 保育者の専門性としての幼児理解—ある保育者の語りの事例から—. 乳幼児教育学研究. 2003, 12, 111-121

14) 岡田たつみ. 「私の中のその子」とかかわり方. 保育学研究. 2005, 43 (2), 187-193

15) 金允貞. 保育における子ども理解の人間学的考察—子どもの怒りを手がかりに—. 人間文化創成科学論叢. 2009, 11, 359-367

16) 池田竜介. 日常の保育実践における保育者の子ども理解の特質—保育者が子どもを解釈・意味づけする省察の分析を通じて—. 保育学研究. 2015, 53 (2), 116-126

17) 津守真. 前掲6) 72

18) 田代和美. 感覚的世界の身体を生きている子どもの傍らに在る保育者の専門性とは—メルロ＝ポンティの『見えるものと見えないもの』に基づいて—. 日本家政学会誌. 2016, 67 (10), 545-552

19) 田代和美. 子どもと相互的な関係にある保育者の専門性とは. 大妻女子大学家政系紀要. 2017, 53, 81-88

20) 木曽陽子.「気になる子ども」の保護者との関係における保育士の困り感の変容プロセス—保育士の語りの質的分析より—. 保育学研究. 2011, 49 (2), 200-211

21) 木曽陽子. 特別な支援が必要な子どもの保育における保育士の困り感の変容プロセス. 保育学研究. 2012, 50 (2), 116-128

22) 谷川夏実. 新任保育者の危機と専門的成長—省察のプロセスに着目して—. 保育学研究. 2013, 51 (1), 105-116

23) 林幹士. 学童保育における保育者は子ども同士をどのようにつなげようとしているのか？—修正版グランデッド・セオリー・アプローチ（M-GTA）を用いた保育者の語り分析から—. 保育学研究. 2013, 51 (2), 245-256

24) 衛藤真規. 保護者との関係に関する保育者の語りの分析—経験年数による保護者との関係の捉え方の違いに着目して—. 保育学研究. 2015, 53 (2), 194-205

25) 原口喜充. 日々の保育における担任保育者の保育体験—保育者の主観的体験に注目して—. 保育学研究. 2016, 54 (1), 42-53

26) 守隨香. 語りによる保育者の省察論. 風間書房, 2015

27) 中込さと子. 妊娠中に胎児の異常を知った中で出産を選んだ一女性の体験. 日本助産学会誌. 2000, 13 (2), 5-19

28) 今村美代子. 死産・新生児死亡で子どもを亡くした父親の語り. 日本助産学会誌. 2012, 26 (1), 49-60

29) 林原健治. 先天性心疾患をもつ子どものターミナルケアにおける看護師の体験—出生後より ICU において継続的に関わった看護師 "A" に関する現象学的研究—. 日本看護科学会誌. 2013, 33 (1), 25-33

30) 西村ユミ. 交流する身体 〈ケア〉を捉えなおす. 日本放送出版協会,

2007

31） 西村ユミ．看護ケアの実践知 「うまくできない」実践の語りが示すもの看護研究．2011，44（1），49-62

32） 村上靖彦．摘便とお花見 看護の語りの現象学．医学書院，2013

33） 西村ユミ．看護経験を探求する方法論に関する一考察—対話式のインタビューに注目して—．日本赤十字看護大学紀要．2002，16，1-9

34） アメデオ・ジオルジ．心理学における現象学的アプローチ—理論・歴史・方法・実践．吉田章宏訳．新曜社，2013

35） ヴァン・マーネン．生きられた経験の探求—人間科学がひらく感受性豊かな〈教育〉の世界．村井尚子訳．ゆみる出版，2011

36） 村上靖彦．"現象学的研究の方法—哲学の視点から"．現象学的看護研究 理論と分析の実際．松葉祥一・西村ユミ編．医学書院，2014，59

37） 前掲32）355

38） 前掲36）57-64

39） 西村ユミ．"現象学的看護研究の実際"看護"はいかに語られ継承され得るか"．現象学的看護研究 理論と分析の実際．松葉祥一・西村ユミ編．医学書院，2014，91-150

40） 西村ユミ．「そうではなくて」という思考のスタイル—現象学と看護研究の関係を捉え直す—看護研究．2016，49（4），324-335

41） M. メルロ＝ポンティ．"哲学者とその影"．シーニュ2．竹内芳郎監訳．みすず書房，1970，14

42） 同上，17-18

43） M. メルロ＝ポンティ．知覚の現象学2．竹内芳郎・木田元・宮本忠雄訳．みすず書房，1974，222

44） 同上，21

第2章

子どもとつながりあえることと
中動態での保育者の語り

1 主語が後退する保育者の語り方

　保育者と一緒に子どものことを話し合ってきた筆者には、保育者の印象的な語り方がある。その語り方とは、「私」が〜をする／されるという語り方ではなく、主語としての「私」が後退して、子どもとの間で出来事が自然に生じたかのような語り方である。そしてその語り方は、いつも嬉しそうになされる。

　特に印象的なのは、それまでその子との関係を築くことができないと悩みながらも、その子の思いを理解しようとしてきた保育者が、その子との関係が良い方向に変化してきた時の語り方である。「○○ちゃんのことがわかるようになってきた」「○○ちゃんとつながれるようになってきた」。保育者が嬉しそうにそう語る。それと時期を同じくして、その子が自分自身や周囲の人と肯定的な関係を築けるようになり、物事にも意欲的に取り組むようになっていく。

　保育者の語り方を不思議に思い、なぜそのように語るのかを尋ねると、「そういう風に言うのが一番しっくりするから」「そういう風に言うのが一番フィットするから」という答えが返ってくる。そのような語り方をする保育者に感じられる謙虚さは、どこから来るのか。それを探っていけば、子どもの育ちを支える保育者ならではの専門性に辿り着けるのではないか。そう考えてきた。そしてこのような語り方を、主語が後退する語り方と名づけていた。

　第1章に登場したA保育者も、背後でブランコに乗っているBさんの様子を、「裏側のブランコの…見なくてもブランコの様子が伝わってくるから」と語ったり、「何となく、後ろで楽しそうに遊んでいるのが背中で感じられる時は、安心して1年生の砂遊びのお手伝いとか…していますね」と主語が後退する語り方をしていた。このような保育者の語り

方に関心を抱いていたなかで、中動態の存在を知ることになったのである。

2　中動態の概説と第2章の目的

　ここでは主に、木村敏の『あいだと生命』と國分功一郎の『中動態の世界　意志と責任の考古学』を引用しながら、中動態について概説したうえで、第2章の目的を述べる。

　中動態とは、今の西洋諸国語で一般的な、動詞の「能動態」と「受動態」の対立がなかった、つまりまだ受動態が存在しなかったインド・ヨーロッパ語族の古い言語形態において、能動態と対立していた態であり、「能動では、動詞は主語から出発して、主語の外で完遂する過程を指し示している。これに対立する態である中動では、動詞は主語がその座となるような過程を表している。つまり、主語は過程の内部にある」[1]（傍点原文）と定義されている。

　木村は、中動態を以下のように説明している。

　現代の西洋各国語には、この中動態はほとんどその痕跡を残していないが、インド・ヨーロッパ語族と関係のない日本語では、この中動態に相当する語法が現在でも広く行われている。たとえば「私には山が見える」は中動態表現であるが、「思える」「聞こえる」「匂う」や「薫る」も「‥‥の味がする」も中動態とみなすことができる[2]し、「できる」や「なる」も中動態的な意識で用いられる[3]。

　「私は山を見る」という能動文の場合には、見る動作を行う「私」が主語で、見る動作の対象の「山」が目的語になっている。それに対して「私には山が見える」の場合には、「見る」という動作は表面から姿を消して、「見える」という感覚の対象としての「山」が主語として立てられ、「私」は「私には」の形でこの感覚が生起する場所として扱われて

いる[4]（傍点原文）。中動態における「私」は形式的にすら主語ではない
し、私に「見える」ものも私にとっての目的語ではない[5]。

　主語が後退する語り方と筆者が名づけていた、子どもとの間で出来事
が自然に生じたような語り方とは、中動態での語り方だったのである。

　『中動態の世界　意志と責任の考古学』で國分功一郎は、文法研究の
丹念な分析を踏まえたうえで、主に意志との関連から中動態の概念的イ
メージを提示している。日本語と中動態について論じた部分では、細江
逸記の日本語における文法上の態を論じた論文を分析したうえで、中動
態を「主語を座として「自然の勢い」が実現される様を指示する表現」[6]
（傍点原文）と定義している。そして、「自然の勢い」として眺めた時、
「子ども時代の日々が思い出される」のように、「中動態は非人称表現に
通じるものとして現れてくる」[7]と述べている。さらに、中動態からは、
受動態と共に自動詞も派生し、「両者は非常に近い意味をもった兄弟の
ような存在であると考えねばならない」[8]とも述べている。

　國分の論考の中では、「出来事を描写する言語としての中動態から、
行為を行為者へと帰属させる言語としての能動態と受動態への移行」[9]
（傍点原文）を、1つの大きな変化の歴史として考えている。そして中動
態が抑圧されたエネルギーの源を、行為の帰属や意志の存在をめぐる強
い信念[10]であったと述べて、私たちの経験の枠組みそのものを、捉え直
すことを提起している。

　私の中動態への関心は、関係を築くことが難しいと悩みながらも、そ
の子の思いを理解したいと思いながら努力してきた保育者が、その子と
つながりあえるようになってきた時に、その子のことを中動態で語ると
いう点にある。そこから、子どもとの間での保育者の経験を捉え直して
みたいと考えている。

　このような筆者の関心と関連する論考は、木村が共通感覚（五感を統
括する感覚）と関連づけて中動態を論じるなかで引用している、大橋良

介の論考である。『感性の精神現象学』は中動態を論じている書ではないが、この書の中で大橋は、何かが「見える」という事態の構造を、「「見る私はいない、故に私は見る」という一見逆説的な事態」[11]であると述べる。それは、深層においては、「ものを見るという主体の働きが、ものがそれ自身をあらわすという告示の働きと一体になる、という事態である。そのとき、「私が見る」という普通の意味での主体の底が破れて、私は「没・主体的」あるいは「無我的」となる。それは無力な自我喪失の状態とはちがって、むしろ自我性から解放された「我なし」の無底性に成り立つ「吾」である」[12]。

　そして、「そのような世界経験と自己経験は、単に神秘的な経験ではなくて、「物音がする」とか「何かが聞こえる」とかといった経験のなかに、すでに含まれているであろう」[13]と述べる。「何かが聞こえる」という時にも、人はまず音がしている場に投げ入れられて、「この出来事と隔たりなしに」[14]接して、一体になっているのである。これを踏まえると、子どものことを中動態で語る時の保育者の意識は、その子のことと一体になっていると考えることができる。

　第2章では、保育者が中動態で語った語りをこの視点から検討することで、子どもとつながりあえた時に、なぜ保育者は中動態で語るのかを考えてみたい。

3　保育者の中動態での語り

　本章で使用するのは、研究に使用することを承諾し、これまでに録音をさせてもらった保育者の語りの中の中動態での語りである。現代の日本語における厳密な中動態の定義はないために、木村が中動態的な意識で用いられると述べている表現も含めたうえで、木村と國分の説明を踏まえて、「私」が主語ではなく、私を場所として、出来事が自然に生じ

る様子が語られた語りを中動態での語りとした。

　その結果、3名の保育者の語りの中に、「見える」「聞こえる」という知覚的な中動態表現ではなく、「伝わってくる」「感じられる」「なる」「できる」「わかる・わかるようになってきた」という中動態で語られた語りを見いだすことができた。なお、語りの（　）内は、筆者が前後の文脈から推測して補った言葉である。

（1）A保育者の語り―子どもの様子を中動態で語った語り

〔例①〕

　で（話ができるようになってきたことが）わかりますよね。その後、こう、触れてくる時のCちゃんの身体の硬さがとれてきますからね、話ができるようになって、伝わるようになってくると。

　これは、第1章に登場したA保育者の語りである。困ったことがあった時に、いきなりA保育者にしがみついてくるCさんが、落ち着いて話ができる状況になってきたことが、A保育者にはCさんの身体の硬さがとれてくることで「わかる」という語りである。A保育者は、Cさんの身体の硬さがとれてきたことで、Cさんが「（話ができるようになってきたことが）わかる」と語り、またCさんは話ができるようになって、保育者にはCさんの話が「伝わるようになってくる」と語った。

　このように語られる背景としては、第1章で述べたように、A保育者の身体が、Cさんの身体と1つの間身体性の器官となって、Cさんの思いを感じていたことがある。しがみつかれているA保育者の身体は、Cさんの緊張した身体と一体になっていて、A保育者にはしがみつく力が弱まったことを通して、Cさんが落ち着いてきた、つまり話ができるようになってきたことがわかるのである。ここでA保育者が中動態で語った、話ができるようになってきたことという主語は、Cさん自身に生じ

ていることである。しかしA保育者の意識は、大橋の言うように、A保育者に何かを訴えているCさんに生じていることと一体になっていた。それだけでなく、Cさんと1つの間身体性の器官となっていたA保育者の身体も、Cさんに生じていることと一体になっていたと考えることができる。

　〔例②〕
　　昨日も（Bさんが）ブランコに乗ってカレーライスの話をしていて…楽しそうだなあっていう感じで、私は横で砂遊びをしている1年生の方を見ながら、裏側のブランコの…見なくてもブランコの様子が（笑）伝わってくるから…中略…ただ何となく後ろで楽しそうに遊んでいるのが背中で感じられる時は、安心して1年生の砂遊びの（笑）お手伝いしたりとか…していますね。

　この語りもA保育者の語りである。A保育者の身体が、Bさんの身体と1つの間身体性の器官となっている時には、Bさんの楽しさを感じられることを語った語りの一部である。いつも安心して近くにいられる訳ではないBさんではある。しかし、A保育者の身体がBさんの身体のリズムに合っている時には、見ていなくてもつながりあえて安心していられるようになった嬉しさが、Bさんがブランコで楽しそうに遊んでいる様子を主語として、「伝わってくる」「感じられる」と中動態で語られた。
　前述したように、言葉でのコミュニケーションが苦手な子どもとの間で、A保育者は子どものリズムに身体を合わせていくことで、その子の身体と1つの間身体性の器官となった身体で、その子の思いを感じて、その子とつながりあうことができていた。ここでの主語である「ブランコの様子」と「楽しそうに遊んでいる（こと）」はBさんの様子であ

る。しかし、それは客観的に捉えたBさんの様子ではなく、Bさんがブランコを漕ぐ音や「カレーライスおいしいね」と隣の子と話しているのを聞きながら、A保育者の意識と身体が、ブランコを楽しんでいるBさんの様子と一体になっていた。だから、この様子をA保育者は「伝わってくる」「感じられる」と中動態で語ったのだと考えられる。

　A保育者は、「その子が話ができるようになってきたこと」「その子がブランコで楽しそうに遊んでいる様子」というその子の様子を主語として、それが「伝わってくる」「感じられる」と中動態で語った。中動態で語った主語としてのその子の様子とは、対象として捉えたその子の様子ではない。大橋が述べるように、A保育者の意識も一体になっていたその子の様子である。さらに、A保育者の語りからは、A保育者の意識だけでなく、A保育者の身体も、その子の様子と一体になっていたと考えることができる。

(2)　D保育者の語り―子どもとの関係を中動態で語った語り

〔例③〕
　私自身も彼に自然に入っていけるようになったなあっていうのはあります。（以前は）あーどうしたんだろうっていうのがあったんですけど…彼の中にたぶん、私っていうのが入って…近づいても大丈夫っていう関係が少しできてきたかなと思っているんですけど。

　D保育者の語りは、その日の保育を振り返って、筆者も一緒に考えてきた話し合いの場での語りである。新年度当初のEちゃんは、クラスの子どもを叩いたり、蹴ったり、相手の嫌がることを言うことなどが目立ち、また保育者の誘いにも反発していた。そのような行動がどんどんエスカレートしていき、D保育者は対応に悩んでいた。しかし、1対1でかかわっている時にはとても素直な面も見えるので「何なんだろう？

何が彼をそうさせているのだろう？」と考えながら対応していた。

　Ｅちゃんが甘えられる機会を作ったり、Ｅちゃんがどのような遊びが好きなのかを探り、より楽しくなるように一緒に遊ぶようにしたり、Ｅちゃんが一生懸命に作った物を園内のすべての先生に見てもらう機会を作ったり、Ｄ保育者との１対１の遊びに、徐々に友だちを加えていくように努めてもきた。Ｅちゃんの行動の意味や何をどう感じているのかを理解したいと願いながら、Ｄ保育者は試行錯誤でかかわってきた。少し長くなるが、この語りがなされた日の保育の場でのＥちゃんの様子を、以下に記す。

　７月の初め、１本しか見つからなかった虫取り網を、クラスの子どもたちと取り合っていたＥちゃんだったが、大きな木からセミの鳴き声が聞こえたことから、５名の子どもたちとＤ保育者と一緒にセミの姿を探し始めた。虫取り網では到底届かない高さに見つけたセミを捕まえたいという子どもたちの思いが結束して、Ｅちゃんも網を独占することなく、他の子どもたちと一緒に、踏み台になりそうなものを運んできたり、網を長くする案を出して、Ｄ保育者に長い棒をガムテープで網につなげてもらったり、交替でＤ保育者に肩車をしてもらって、セミを取ろうとしたりしていた。

　結局、セミは飛んでいってしまったが、Ｅちゃんにはこの間、真剣な表情や笑顔が見られ、長くした虫取り網を「進化形」と名づけて、その後もＤ保育者に笑顔で「進化形でまたセミをとりたい」と話していた。その後、ＥちゃんがＤ保育者の膝の上に乗って甘える姿が見られたり、足を拭いてもらって嬉しそうな顔をしていることに筆者が言及した時にＤ保育者が語ったのが、例③の語りである。

　例③のＤ保育者の語りは、Ａ保育者の語りのように、子どもと直接かかわっている場面での子どもの様子を語った語りではなく、４月から３か月を経た、今のＥちゃんとの関係を語った語りである。「彼に自然に

入っていけるようになったなあ」「近づいても大丈夫っていう関係が少しできてきたかな」という語りは、過去から連続しているなかでの変容についての語りである。A保育者の語りが、子どもとかかわっている場面での子どもの様子を共時的[15]な中動態で語っていたのに対して、これらのD保育者の語りは、通時的な中動態での語りである。

　D保育者は、Eちゃんの行動の理由と自分のかかわり方を考え続け、他の先生方とも話し合いながら試行錯誤を重ねてきた。そのような経緯があったのにもかかわらず、Eちゃんとの関係が良い方向に変化し始めたことを、自然に生じた出来事であるかのように嬉しそうに語った。また、「彼の中にたぶん私っていうのが入って」という語りは、Eちゃんがd保育者を受け入れたことを意味しているのだが、私がEちゃんの中に入ったのでも、Eちゃんが私を入れてくれたのでもなく、非人称化された「私っていうの」が、Eちゃんの中に入ったと、まるで出来事のように語られている。「近づいても大丈夫っていう関係が少しできてきたかな」という語りの「近づいても大丈夫っていう関係」は、D保育者の身体感覚を伴った、D保育者と一体になった関係である。そして、その関係を主語として、D保育者はそれが「少しできてきたかな」と自然に生じた出来事のように通時的な中動態で語った。

　D保育者は、Eちゃんとのかかわりを振り返る時に、理解し難い行動をするEちゃんとしてEちゃんを対象化するのではなく、「何なんだろう？　何が彼をそうさせているのだろう？」と問題を外在化させて考え続けてきた。それは、EちゃんとEちゃんに理解し難い行動を起こさせる理由を切り離しはするが、Eちゃんを自分と切り離して対象化しないD保育者の姿勢の現われだった。その姿勢があったことで、Eちゃんとの関係が良い方向に変化し始めた時に、D保育者は「近づいても大丈夫っていう関係」という自分の身体感覚を伴った、一体になっていたEちゃんとの関係を主語として、それが「できてきたかな」と中動態で語っ

たのではないかと考えられる。

　〔例④〕
　（筆者が「（子どもたちが）先生がしっかりうけとめてくれているって思っている（ように見えます）ね」と話したことを受けて）
　その手応えを感じられると、やっぱり子どもも（私の思いが）わかってくるというか…そういうのはありますね。

　例④はEちゃんも含めて、クラスの子どもたちが、安心して自分の思いや考えを表現している様子について話した筆者の言葉を受けたD保育者の語りである。「その手応えを感じられる」とは、子どもたちが自分を信頼してくれていると感じられることである。「その手応えを感じられる」は、手応えが目的語のようにも見えるが、「やっぱり子どもも（私の思いが）わかってくる」が続いていることから、その手応えを主語とした共時的な中動態での語り方だと考えられる。ここでの手応えという言葉もD保育者の身体感覚である。D保育者は、子どもと良い関係が築けるようになってきたことを「その手応えを感じられる」という自分の身体に生じることと「子どもも（私の思いが）わかってくる」ことという、どちらも自然に生じる出来事が連動することとして語った。
　その場でその子の様子が感じられたことを語ったA保育者の中動態での語りは、大橋の言うように、一体になったその子の様子を主語として語っていた。そして、その子の様子に、意識だけでなく身体も一体になっていた。D保育者の語りは、例③の「近づいても大丈夫っていう関係が少しできてきた」も例④の「その手応えを感じられる」も、A保育者の語りのように、子どもと直接かかわっている場面での子どもの様子についての語りではなく、子どもとの関係についての抽象的な語りである。しかし、「近づいても大丈夫っていう関係」や「手応え」という主

語に自分の身体感覚を伴っている点で、D保育者の語りも、その主語と一体になっていたと考えることができる。

(3) G保育者の語り―関係の変化を通時的な中動態で語った語り

〔例⑤〕
　私たちもFちゃんのことがわかるようになってきたし、Fちゃんも成長してきたしっていうのもあって、で同じ（生活の）リズムで（過ごして）きたから。

　G保育者の語りも、その日の保育を振り返って、筆者も一緒に考えてきた話し合いの場での語りである。この語りは、初めの頃は片時も目を離せなかった、特別な支援を必要とするFちゃんを2年間担当してきたG保育者が、Fちゃんの卒園を間近にして語った語りである。この語りは筆者が、Fちゃんがクラスの一員として位置づいて、安心して過ごしていると話したのを受けた語りである。ここでのG保育者の語りも、A保育者の語りのようにその子と直接かかわっている場面についての語りではなく、これまでのFちゃんとの関係を振り返った、通時的な中動態での語りである。

　この語りでは「私たちもFちゃんのことがわかるようになってきた」と、G保育者たちの変化が自然に生じたかのように中動態で語られている。また、Fちゃんの成長についても、自分たちの努力の成果としてではなく、Fちゃんが自ずから成長してきたと語っている。

　しかし、G保育者の変化は決して自然に生じたわけではない。Fちゃんの担当となった初めの頃は、FちゃんをG保育者の指示に従わせようとし、クラスの活動に参加させようとしていた。G保育者自身も「キチンとさせたかった」と語っていた。しかし、Fちゃんに逃げられ、拒否され続けたことから自分の姿勢を変えて、その時々の出来事や自分の対

応が、Ｆちゃんにとってどのような経験だったのかを振り返りながらＦちゃんを援助してきた。

　クラスの子どもたちとの間でも数々の問題が起きてきたが、担任同士で、Ｆちゃんの視点と相手の子どもの視点からそのことを話し合い、Ｆちゃんを含めたクラスの子どもたちにとって、どうすることが良いのかを考え続けてきた。そのような努力をしてきた年月を経て、改めて振り返った時に、Ｇ保育者は「私たちもＦちゃんのことがわかるようになってきた」と自分の意志とは無関係に、自分たちが自然に変容してきたかのように、通時的な中動態で語ったのである。

　「Ｆちゃんのことがわかるようになってきた」のうちの「Ｆちゃんのことがわかる」という中動態表現が意味していることは、Ｆちゃんを対象として客観的に理解できるということではない。初めの頃はＦちゃんの行動の理由が理解できず、行動の予測もつかない状況だったが、今は、様々な場面でのＦちゃんの行動の理由やその時々の気持ちを、対象として客観的に理解しようとする必要がないことを意味している。「Ｆちゃんのこと」という主語は、様々な場面でのＦちゃんの行動の理由やその時々の気持ちなどである。そして、「Ｆちゃんのこと」を対象化して考える必要がなく、Ｇ保育者のことのように一体になって納得できることを意味しているのが、ここでの中動態の「わかる」である。それはＦちゃんを肯定していることでもある。

　この語りではさらに、Ｆちゃんのことがわかるように「なってきた」と、自分たちが自然に変容してきたかのように中動態で語られている。この語りは、卒園を控えて、Ｆちゃんの成長を改めて実感できている状況での語りである。今はＦちゃんのことを一体になってわかるようになったＧ保育者が、これまで、その時々にＦちゃんのことを考えて、自分が変容してきたことを、自分の一部として肯定的に捉えることができている。言い換えれば、変容してきたことと一体になることができている

ことで、このような通時的な中動態での語り方がなされたのではないか
と考えられる。

4　子どもとつながりあえた時に保育者はなぜ中動態で語るのか

　ここまで3名の保育者の中動態での語りについて考えてきた。大橋が
例としてあげた「見える」や「聞こえる」という知覚的な中動態表現と
は異なり、保育者の語りの中の中動態表現は、子どもの様子や子どもと
の関係が「わかる」「伝わってくる」「感じられる」「なる」「できる」
「わかるようになってきた」と語られた中動態表現だった。
　A保育者の語りは、子どもとかかわっている場での子どもの様子を共
時的な中動態で語った語りであり、A保育者の意識は、大橋の言うよう
に、その子の様子と一体になっていた。それに加えて、A保育者の身体
も、その子の様子と一体になっていた。D保育者の語りは、良い方向に
変化しつつある子どもとの関係を、通時的と共時的な中動態で語った語
りであった。いずれの語りにおいても、その関係にD保育者の身体感覚
を伴っていることから、D保育者の意識が子どもとの関係と一体になっ
ていたと考えられる。G保育者の語りは、G保育者の意識が、その子の
様子と一体になることができ、さらに、そうなることができるようになっ
た今のG保育者が、自分の変容を肯定的に捉えて、その変容と一体に
なることができているから、その変容を、通時的な中動態で語ったのだ
と考えられる。
　場を共にした子どもの様子や子どもとの関係を、出来事が自然に生じ
たかのように語る共時的な中動態と、時間の経過のなかで、それらが自
然に生じたかのように語る通時的な中動態、また具体的な内容について
の中動態と抽象的な内容についての中動態という違いはあったが、しか
し、どの中動態での語りにおいても、一体になっている子どもの様子や

子どもとの関係を主語として保育者は中動態で語っていた。

　Ａ保育者は、子どもの様子と意識だけでなく身体でも一体になっていたことで、子どもの様子が「わかる」「伝わってくる」「感じられる」と共時的な中動態で語った。Ｄ保育者とＧ保育者は、保育の振り返りの場での語りだったこともあり、子どもとの関係の変容を通時的な中動態で語っている。通時的な中動態で語る時には抽象的な語りになるが、しかしその語りの背後には、共時的な中動態で語られる、子どもの様子と意識だけでなく、身体でも一体になった経験が存在していることが推察されるのである。

　３名の保育者が子どもの様子や子どもとの関係を中動態で語った背景には、それぞれの保育者が、子どもを思いどおりの姿に当てはめるために一方的に指導するのではなく、その子を１人の人として尊重して、その子の思いをその子の立場に立って感じ、考えようと努めてきた経緯がある。その努力を続けてきた保育者には、その子が自分を受け入れてくれることで、その子の様子やその子との関係と、意識だけでなく身体も一体になることができた感覚が生じる。それを出来事として保育者は中動態で語るのだと考えられる。

　木村は、合理的思考は世界を「もの」として対象化するが、「「こと」はけっして対象化でき」[16]ないとしたうえで、「「こと」のことをわかろうとすれば、私たち自身がその「こと」の一部になりきって、「こと」において「こと」を見るということができなくてはな」[17]らないと述べる。そして、「「こと」と私たち自身とが渾然一体となって、主観と客観の区別なく「こと」そのものになりきっている場所が、私と世界の「あいだ」であり、私と人の「あいだ」」[18]であると述べる。

　木村の言葉を借りれば、その子と一緒にいる場で、その子の「こと」と一体になろうと努めてきた保育者が、主観と客観の区別なく、身体でもその子の「こと」と一体になることができた感覚を語ったのが、ここ

での保育者の中動態での語りだったのだと考えられる。一体になること
ができたその子の「こと」やその子との関係は、その子に帰属するので
も保育者に帰属するのでもない。だから、保育者はそれを、出来事が自
然に生じる様子としての中動態で語るのが「一番しっくりする」のだと
考えられる。

（引用文献）

1) 國分功一郎. 中動態の世界　意志と責任の考古学. 医学書院, 2017, 88
におけるエミール・バンヴェニストによる中動態の定義
2) 木村敏. あいだと生命. 創元社, 2014, 127 を一部改変
3) 木村敏の語りより. "対談・〈作り〉と〈かたり〉". 木村敏, 坂部恵監
修. 臨床哲学の諸相〈かたり〉と〈作り〉. 河合文化教育研究所,
2009, 25 を一部改変
4) 前掲2) 150 を一部改変
5) 同上. 122 を一部改変
6) 前掲1) 187
7) 同上. 188
8) 同上. 181
9) 同上. 176 を一部改変
10) 同上. 195
11) 大橋良介. 感性の精神現象学　ヘーゲルと悲の現象論. 創文社, 2009,
5
12) 同上. 5
13) 同上. 9
14) 同上. 9
15) 共時的な中動態と通時的な中動態という用語は、國分功一郎, 熊谷晋一
郎. 〈責任〉の生成―中動態と当事者研究. 新曜社, 2020, 403 におけ
る熊谷の発言より引用

16） 木村敏．自分ということ．筑摩書房，2008，138

17） 同上．138

18） 同上．138

第3章

感覚的世界の身体を感じることと
子どもとつながりあえること

1 メルロ＝ポンティの『見えるものと見えないもの』

第1章では、障がいを持つ子どもとのやりとりについてのＡ保育者の語りを、身体の働きを中心に分析した。Ａ保育者は、子どもが来た時に、「自分の身体を緩めて、非常に柔らかい状態にする」と語り、それを「身体の構えをとる」と表現した。「身体の構えをとる」ことで、Ａ保育者の身体は子どものリズムに合わせられる身体になり、結果的にＡ保育者の身体はその子との間で１つの間身体性の器官になるのだと考えられた。子どもの身体と１つの間身体性の器官となったＡ保育者の身体は、その子の思いを感じて、その子とつながりあえていた。また、子どもの身体と１つの間身体性の器官となったＡ保育者の身体は、その子の思いを感じることで、その子が伝えたいメッセージを理解することを下支えしていた。

これらを踏まえて第3章では、意識の基礎としての身体の感覚的経験を探り続けたメルロ＝ポンティの著作を読み解き、子どもの身体と１つの間身体性の器官となったＡ保育者の身体が、その子の思いを感じて、その子とつながりあえる経験とは、どのような経験なのかを探っていきたい。

保育学の領域では、メルロ＝ポンティのソルボンヌ講義録における論考を幼児の原初的コミュニケーションの基礎に据えた研究[1]がなされている。また、子どもの遊びの内実や保育者による遊びの捉えの内実をメルロ＝ポンティの『知覚の現象学』や「幼児の対人関係」での論考に基づいて検討する研究がなされている[2]~[4]。また、教育学の領域でも、メルロ＝ポンティの身体性や間身体性に関する論考から教育を再考する研究がなされている[5]~[8]。

メルロ＝ポンティは、一貫して認識作用の基礎としての感覚的経験の

復権を目指し、意識の哲学の克服を目指してきた。その中でも『見える
ものと見えないもの』は、「他なるものとの共存を前人称的な主体の存
在の薄暗がりのなかで探りあてようと」[9]したメルロ＝ポンティの遺稿
群である。そのため、第3章では、子どもと保育者が間身体的につなが
りあえる経験についての理解を深めるために、本書を読み解いていきた
い。

2　物の知覚が可能になる感覚的世界の経験

「哲学者とその影」（『シーニュ2』に所収）の中で、メルロ＝ポンティ
は、フッサールの『イデーン』における意識と身体の関係についての論
考を踏まえたうえで、私の身体の身体自身に対する関係を、以下の例を
あげて説明している。

　　たとえば私の右手が私の左手に触れるとき、私は左手を「物理的な
　　物」として感ずるが、しかし同時に、私がその気になれば、まさし
　　く、私の左手もまた私の右手を感じはじめる、〔それが身体になり、
　　それが感じる〕という異様な出来事が起るのだ。[10]

そして、「これが私の身体を私と物との絆たらしめているのである」[11]
と述べる。私の身体、ここでは右手が、触れる左手をものとして感じ
る。しかし、触れられているものである左手も右手をものとして感じる
ことができる。触れる身体としての右手が触れられるものになり、触れ
られるものとしての左手が触れる身体になるという経験。身体が感じる
ものであり、かつ感じられるものでもあるという、この感覚的経験が基
盤にあることで、私の身体は物を知覚できるようになると述べるのであ
る。

『見えるものと見えないもの』においては、私の身体の身体自身に対するこの関係に物が加えられて、以下のように述べられている。

　たとえば私は物に触れている右手に左手で触れることができる。左手に触れられた右手は、その時には物に触れている手ではなく、左手に触れられているものとなり、「触れられている物の間に位置し、或る意味ではそれらの一つ」[12]となっている。私の手は、「内側から感じられるものであると同時に、外から近づきうるもの」[13]であり、「私の手における触れるものと触れられるものとのこの交叉によって、手自身の運動が、それの問いかけている宇宙と合体し、宇宙と同じ地図に記載されることになる」[14]。つまり、触覚は「いわば物のなかで起こるようになる」[15]。

私の手は触れるものであると同時に触れられるものである。触れられるものである私の手は物の仲間でもあるために、触覚は物のなかで起こるというこの説明は、以下のように、視覚にも敷衍される。

　触覚と同様に視覚は、「眼差しによる触診」[16]であり、「見えるものについての経験はすべて、つねに眼差しの運動を文脈にして私に与えられたものであるから」[17]、また「見えるものはすべて触れられうるものの中から切り取られるのだし、触覚的存在はすべて何らかの仕方で可視性へと約束されており、そして触れられるものと触れるものとの間にだけではなく、触れられうるものとそれに象眼された（incrusté）見えるものとの間にも蚕食（empiétement）とまたぎ越し（enjambement）がある」[18]。ゆえに、「同じ身体が物を見、物に触れている以上、見えると触れうるとは、同じ世界のことがらなのである」[19]。また、「視覚

が眼差しによる触診である以上、視覚もまたそれの露呈する存在の秩序に書きこまれていなければならず、眼差す者自身がそれによって眼差されている世界と無縁であってはならない」[20]。

　物に触れることと同様に、眼差している、つまり触診として物を目で追っている者の身体（目）は、見える物の世界の一部であると述べるのである。
　それらを踏まえてメルロ＝ポンティは、「われわれを物そのものに到達させうるのは、身体であり、また身体だけであるが、それは身体が二つの次元をもった存在（感じるものであり、感じられるもの：筆者加筆）だからである」[21]として、主－客の手前の感覚的世界で、自己と他なるものとが１つの系として存在する身体の概念を生み出すために、肉という用語を作成した。肉とは、見るものが同時に見えるものであり、感じるものが同時に感じられるものであること。その両者が同時に絡み合うことである。鷲田清一によると、「メルロ＝ポンティの用語法では、〈肉〉は、身体（＝物体）という概念につきまとう質料的な契機は含まず、ずばり〈可逆性〉そのものを意味する。あるいは、見るものが同時に見えるものであり、感じるものが同時に感じられるものであるということそのことを意味する」[22]。
　メルロ＝ポンティの肉の説明の１つに、以下の記述がある。

　（肉とは：筆者加筆）見えるものの見る身体への、触れられるものの触れる身体への巻きつきなのであり、そうした巻きつきが証拠立てられるのは、特に、身体が物を見つつある自分を見、物に触れつつある自分に触れ、その結果、身体が、触れられるものとしては物の間に降りていくが、それと同時に触れるものとしてはすべての物を支配し、おのれの塊の裂開ないし分裂によって、おのれ自身から両者のこの関

係を、さらにはこの二重の関係を引き出してくるときである。…中略…身体という塊が物に向かって炸裂すること—これこそ、私の肌の振動がなめらかなものになったりザラザラしたものになったりすることや、私が物そのものの動きや輪郭を眼で追うことを可能にしてくれる。[23]（傍点原文）

　物に触れる私の身体（手）は、触れられる物の仲間としての身体（手）でもある。触れられる物の仲間としての私の手が、ものとしての表面を持つことによって、なめらかさやザラザラするという触れられている物の表面の特徴が、触れている私の手に触感として生じるのである。同様に物を見ている私の目は、見える物の仲間としての目であり、ものとして見える外見を持つことによって、物の外見が、見ている私の目に動きや輪郭として生じるのである。私が物に触れる経験は、私が触れられる物の仲間であることと私が物に触れることが同時に絡み合っている。物を見ることも同様である。

　私の身体は物の仲間として触れられる（見ることができる：筆者加筆）塊としての身体と、物に触れる（見る：筆者加筆）身体とに裂開し、「われわれが物へと移行すると言うのと同様に、物がわれわれのうちに移行する」[24]。物に触れる経験とは、物に触れることで私の身体（手）が触れられるものの仲間として物へと移行すると同時に、触れられた物が私の身体（手）に移行してくることで触感を感じる、つまり肉として物と絡み合っている経験なのである。同様に物を見る経験とは、物を見る（眼差しで触診する：筆者加筆）ことで私の身体（目）が見える物の仲間として物へと移行すると同時に、見える物が私の身体（目）に移行してくることで見える、つまり肉として物と絡み合っている経験なのである。

　触覚における肉の説明を敷衍した、視覚における肉として物と絡み合っている経験は、理解するのが難しい。そこで、以下では、肉としての

感覚的世界の身体と物との間に生じる視覚についての記述を取りあげて、さらに考えてみたい。

3　肉としての感覚的世界の身体と物との間に生じる視覚

　身体が肉、つまり見るものであり、同時に見えるものであることについて、メルロ＝ポンティは、以下のように述べている。

　　肉＝私の身体が受動的でありかつ能動的である（見えるものでありかつ見るものである）という、即自的な塊でありかつ所作であるというこの事実。[25]（傍点原文）

　ここでは、私の感覚的世界の身体が肉、つまり見えるものであり、同時に見るものであることについて、見えるもの（塊：筆者加筆）であることが受動的であり、見るもの（眼差しによる触診：筆者加筆）であることが能動的であると述べている。主－客の手前の感覚的世界の身体経験を探っているのにもかかわらず、ここでは見ると見えるを能動的と受動的という主－客の関係で説明している。そしてさらに、能動性と受動性という語を用いて以下のように述べている。

　　身体とは単にさまざまな見えるもののうちにある一つの事実上見えるものなのではなく、身体とは見つつある見えるもの、あるいは眼差しだからである。言いかえれば、見る身体を締め出して、外なる見えるものをそれだけで完結させるようなさまざまな可能性の組織が、それら見る身体と外なる見えるものとのあいだに或る隔たり（écart）をしつらえているのである。しかし、この隔たりは、空虚なものではない。それは、或る能動性をそなえた受動性としての視覚が出現する場

である肉によって、まさに満たされているのである。[26]（傍点原文）

　この記述の中の「外なる見えるものをそれだけで完結させるようなさまざまな可能性の組織」とは、私の位置からは見えない側面も含めて、見えるものがそれ自らを現してそこに存在していることである。「見る身体と外なる見えるものとのあいだにある隔たり」とは、能動的にものを見ている私の身体（目）と見えるものがそれ自体で存在している世界との隔たりである。そして、その隔たりは「或る能動性をそなえた受動性としての視覚が出現する場である肉によって、まさに満たされている」。

　つまり、その隔たりには、能動的にものを見ている私の身体（目）ではなく、見つつある見えるものとしての私の感覚的世界の身体（目）があると述べているのである。ここでの「或る能動性をそなえた受動性」の「或る能動性」とは、私という主体が意識的に対象としてものを「見る」のではなく、肉の説明にあったように、眼差しによる触診という所作によって、見えるものの仲間としての私の目がものへと移行することであり、受動性としての視覚とは、ものへと移行した見えるものの仲間としての私の目に、ものが移行してくることだと考えられる。

　「或る能動性をそなえた受動性としての視覚が出現する」という記述からは、「私には〜が見える」という中動態で表現される、私を場所として生じる視覚が思い浮かぶ。「私には〜が見える」という時の視覚は、物に目を向けるという「或る能動性」をそなえつつも、物の姿が私の目に入ってくるという受動性としての視覚として捉えることができるからである。メルロ＝ポンティが見るものであり、同時に見えるものとしての感覚的世界の身体の目と外の世界の見えるものとが１つの系として共存する視覚として表現したかったのは、「私には〜が見える」と中動態で表現される、私が物を対象として見る視覚ではなく、私を場所と

して生じる視覚だったと考えられるのである。

　森田亜紀も『芸術の中動態』の中で、フランス語の文法の分析に基づいて、「メルロ゠ポンティは、意識的な主体が知覚を引き起こすのではないということ、主体の制御・支配を超えて、知覚がいわばひとりでに生じてくるということを何とか言い表そうとしている」[27]と述べている。そして、「メルロ゠ポンティが根源的と考える知覚（この場合、視覚で考えられている）には、日本語でなら、「見る」ではなく「見える」がふさわしいのではないかと思われてくる」[28]と述べている。感覚的世界の身体と日本語の中動態表現には、やはり何らかの関連があると思えてくるのである。

4　感覚的世界の身体と他者の身体との関係＝間身体性

　第1章でも取りあげたが、「哲学者とその影」（『シーニュ2』に所収）の中で、メルロ゠ポンティは、私の手が感じるものであり、かつ感じられるものでもあるという私の身体の感覚的経験を敷衍して、間身体性について以下のように述べている。

　　私の身体が「感ずる物」であり、それが触発されうる（感じられる：筆者加筆）─私の身体が、であって、単に私の「意識」だけのことではない─ということを学び知ることによって、私は、他の生命体や、おそらくは他の人間もいるということを理解する準備を整えたことになるのだ。…中略…もし私が他人の手を握りながら、彼のそこにいることについての明証をもつとすれば、それは、他人の手が私の左手と入れかわるからであり、私の身体が、逆説的にも私の身体にその座があるような「一種の反省」のなかで、他人の身体を併合してしまうからなのである。私の二本の手が「共に現前」し「共存」しているの

は、それがただ一つの身体の手だからである。他人もこの共現前の延長によって現われてくるのであり、彼と私とは、言わば同じ一つの間身体性の器官なのだ。[29]（傍点原文）

　ここで述べているのは、以下のことだと読み取れる。私の身体が感じるものとしての身体であり、かつ感じられるものとしての身体であるという感覚的経験が基盤にあることで、他者の身体との間でも、私の左手は、自分の身体の延長として握っている他者の右手を感じ、かつ他者の右手によって私の左手が握られていることを感じる。私の左手と他者の右手も、感じると同時に感じられる関係にあることで、他者の右手が私の左手と共存して、1つの身体の手となる。私の身体の2本の手が共存することと同様に、私の手と他者の手は同じ1つの間身体性の器官として共存する。
　それを踏まえると、この記述は、1つの間身体性の器官である私の身体と他者の身体は、肉としての感覚的経験が生じる感覚的世界の身体として共存すると述べていると考えることができる。
　『見えるものと見えないもの』では、知覚を感覚的世界の身体と物との間の絆として描くことを主なテーマとしているために、間身体性を直接的に取りあげて論じていないのだが、間身体性について、以下のような内容[30]が述べられている。

　私の身体においては、片方の目や片方の手がそれぞれに見たり触れたりすることができるが、何か1つの物を見たり触れたりする時に、両方の視覚、両方の触覚は、もう片方の目やもう片方の手を対象に変えることなく、「花束のように一つにまとまる」。それは、「諸器官（手や目や耳など：著者加筆）の連合としての私の身体」が、「両手や両眼に付着している「意識」を、それらに比べれば側面的で横断的な一つの

操作によって一つの束にまとめる」からである。

　私の意識を支え、裏打ちしている私の身体は、「前反省的かつ前客観的」に統一されているのである。それによって私の身体は、感じるものであると同時に感じられるものとしての、つまり世界（物：著者加筆）と転換可能な肉としての身体経験をなしうる。

　私の身体の統一をなす肉としてのこの一般性は他者の身体にも開かれ、また他者の身体との間にも諸器官の連合作用は存在する。たとえば「握手もまた転換可能であって、私は触れていると同時に自分も触れられていることを感ずることができる」。そして、感じると同時に感じられるという私の感覚的世界の身体の触覚と、他者の感覚的世界の身体の触覚は１つにまとまる。

　また、風景に目を向け、それについて話すことで、他者が見ている経験に迫るような経験を持つことができる。これは、握手のような直接的な経験ではない。しかし、風景と転換可能な肉の身体経験として「無名の可視性、視覚一般がわれわれ二人に住みつく」。

　風景と転換可能な肉の身体経験としての「無名の可視性、視覚一般」とは、「この風景が見える」と中動態で表現される感覚的世界の身体に生じる視覚であると考えられる。「この風景が見える」という私の感覚的世界の身体に生じる視覚と他者の感覚的世界の身体に生じる視覚は１つにまとまるのである。

　肉の一般性によって、他者と同じ感覚的世界の身体経験が可能になる。例として挙げられているのは、触覚と視覚において共有される身体経験であるが、肉としての感覚的世界の身体経験は「側面から私の身体の諸器官を交流させ、或る身体から他の身体への移行性」[31]、つまり間身体性を基礎づけるとも述べられている。そして、間身体性に直接的に言及してはいないものの、他者の身体の存在については、以下のような

内容が述べられている[32]。

　私の眼は見つつあるという内面を持つが、その表面は自分には見えずに他者に見られるものとしてある。見えるものの表面は他者にも開かれているので、私には見えない私の眼や私の背中は、他者に見られることによって見えるものとなる。「私は、他人の身体を通して初めて、身体こそが世界の肉との交わりのなかで、私の見ている世界に他人が見ているものという〔世界にとって〕必要不可欠な宝庫をつけ加えるというふうにして、自分が受けとる以上のものを提供することを見る」。そのことによって私の知覚は、物や私自身の身体ではなく「身体一般、身体そのもの」に向かって動き出すのである。

それに続けて、私の身体と他者の身体との直接的な関係が、以下のように述べられている。なお、以下の訳は一部分、筆者が変更している。

　身体は初めて、もはや世界と交わるのではなく、全身で〔もう一つの身体に〕入念に没頭しながら、また、もう一つの身体から受けとるすべてを、今度はもう一つの身体に与えるという、不思議な像をたえずその手で形づくりながら（dessinant inlassablement de ses mains l'étrange statue qui donne à son tour tout ce qu'elle reçoit）もう一つの身体に絡みつくのである。身体は、世界と目標物の外にさ迷い出、もう一つの生とともに〈存在〉の中を漂い、もう一つの生の内部の外となり、その外部の内になるという独特の仕事に魅せられているのだ。そして、その時以来、運動、触覚、視覚は、相互に、またそれらすべてに適応し合いながら、それらの起源に向かって遡ることになる。[33]

この記述は、「哲学者とその影」（『シーニュ2』に所収）の中での間身体

性と精神についての記述と関連させて読んでみたい。その記述とは、「私がまず知覚するのは他の「感受性」なのであり、そしてそこから出発することによってのみ、私は他の人間や他の思考を知覚することになる」[34]。「感情移入が身体から精神へと及ぶのは、目に見える身体の特異な雄弁のお蔭なのである」[35]。そして、私にとって他者は「思考のレベルよりももっと下の層」[36]、「〈物〉というものが可能になる」[37]層での「この世界への知覚的開け、この所有というよりはむしろ所有権放棄」[38]によって存在しなければならないという記述である。「思考のレベルよりももっと下の層」、「〈物〉というものが可能になる」層とは、物と1つの系として共存する、肉としての感覚的世界の身体の層である。

感覚的世界の身体の層での「この世界への知覚的開け」、「所有権放棄」の知覚とは、視覚で言えば、物を対象として見るのではなく、「私には〜が見える」と中動態で表現される、私を場所として生じる視覚であると考えられる。他者を理解することや他者と共存することの基盤を、意識を下支えする主−客の手前の感覚的世界の身体に生じる「知覚的開け」、「所有権放棄」の知覚に置くことで、一つの〈脱我〉と他の〈脱我〉[39]として他者と共存する可能性をメルロ＝ポンティは探っていたのだと考えられる。

間身体性と精神についてのこれらの記述と併せると、私の身体と他者の身体の関係における「もう一つの生の内部の外となり、その外部の内になるという独特の仕事」とは、次のことを述べていると読みとれる。

物と感覚的世界の身体との関係と同様に、私の感覚的世界の目に見える身体は、私の身体の延長である、目に見える他者の身体へと移行する。目に見える他者の身体に移行した私の身体に、他者の「目に見える身体の特異な雄弁」が移行してきて、私の身体は他者の身体の「生の内部の外となり」、その状態になった身体が感じることを「他者の外部の内」にある「感受性」として感じながら、私の身体は他者の身体と絡み

合う。それが、他者の身体との関係において、１つの間身体性の器官となった身体の独特な仕事なのだと述べていると読みとれるのである。

また、「その時以来、運動、触覚、視覚は、相互に、またそれらすべてに適応し合いながら、それらの起源に向かって遡ることになる」の「その時」とは、感覚的世界の身体が、他者の身体と１つの間身体性の器官となった時である。間身体性の器官となった身体の「運動、触覚、視覚は、相互に、またそれらすべてに適応しあいながら、それらの起源に向かって遡ることになる」の「起源」とは、主－客の手前の感覚的世界の身体に生じる、たとえば「私には～が見える」と中動態で表現される視覚のような「所有権放棄」の知覚や運動を意味しているのだと考えられる。

主－客の手前の感覚的世界の私の身体は、他者の身体と１つの間身体性の器官となって、他者の身体へと移行する。移行した私の身体に、他者の身体に生じていることが、「所有権放棄」の知覚や運動によって移行してきて、私の身体にも生じる。それによって感じられることを私は他者の内面として共有できる。メルロ＝ポンティは、間身体性と感覚的世界の身体に生じる運動や知覚との関係をそのように説明していると読みとれるのである。

第１章に登場したＡ保育者の感覚的世界の身体は、Ｂさんの身体へと移行する。移行したＡ保育者の感覚的世界の身体に、Ｂさんの身体のリズムや動きや声が移行してきて、Ａ保育者の身体にも同じリズムや動きや声の状態が生じる。Ａ保育者の身体に生じたリズムや動きや声に伴う思い（内面）をＡ保育者はＢさんの思い（内面）として感じる。それが、たとえば「楽しそうに遊んでいるのが背中で感じられた」とＡ保育者が中動態で表現した現象なのだと現時点では考えられる。

第４章では、メルロ＝ポンティの著作から掬い取った、主－客の手前の感覚的世界の身体に生じることと、私を場所として、出来事が自然に

生じる様子を表現する中動態表現との関係をもう少し探ってみたい。

（引用文献）

1) 鯨岡峻．両義性の発達心理学—養育・保育・障害児教育と原初的コミュニケーション．ミネルヴァ書房，1998

2) 南陽慶子．粘土遊びにおける表現と身体性についての一考察—粘土を身体につける事例の検討から．人間文化創成科学論叢．2013，15，241-249

3) 横井紘子．"模倣と真似"．遊びのリアリティ．中田基昭編著．新曜社，2016，57-81

4) 横井紘子．保育における「遊び」の捉えについての一考察：現象学的視座から「遊び」理解の内実を探る．保育学研究．2006，44（2），189-199

5) 中田基昭．感受性を育む—現象学的教育学への誘い．東京大学出版会，2008

6) 西岡けいこ．教室の生成のために—メルロ＝ポンティとワロンに導かれて．勁草書房，2005

7) 福地真弓．学びにおける身体性を巡って—メルロ＝ポンティの現象学的身体論の可能性—．教育デザイン研究．2016，7，80-89

8) 奥井遼．メルロ＝ポンティにおける「間身体性」の教育学的意義—「身体の教育」再考—．京都大学大学院教育学研究科紀要．2011，57，111-124

9) 鷲田清一．メルロ＝ポンティ　可逆性．講談社，1997，232

10) M．メルロ＝ポンティ．"哲学者とその影．"シーニュ2．竹内芳郎監訳．みすず書房，1970，14

11) 同上．14

12) M．メルロ＝ポンティ．見えるものと見えないもの 付・研究ノート．滝浦静雄，木田元共訳．みすず書房，1989，185（Merleau-Ponty, M. Le visible et l'invisible suivi de Notes de travail. Éditions Gallimard, 1964,

174）

13）　同上．185

14）　同上．185

15）　同上．186

16）　同上．186

17）　同上．186

18）　同上．186

19）　同上．186

20）　同上．186-187

21）　同上．188

22）　前掲9）267-268

23）　前掲12）202-203

24）　同上．171

25）　同上．401-402

26）　同上．403-404

27）　森田亜紀．芸術の中動態　受容／制作の基層．萌書房，2013，7

28）　同上．8

29）　前掲10）17-18

30）　前掲12）196-198

31）　同上．198

32）　同上．199

33）　同上．199-200

34）　前掲10）18

35）　同上．19

36）　同上．20

37）　同上．20

38）　同上．20-21

39）　同上．21

第4章

中動態と感覚的世界の身体

1　山崎正和の『リズムの哲学ノート』

　第4章では、山崎正和の『リズムの哲学ノート』の中から、知覚における身体とリズムを感受する身体についての論考を取りあげて、中動態とメルロ＝ポンティの感覚的世界の身体との関係を探ってみたい。

　山崎の論考は、「力の流動とそれを断ち切る拍子とが共存して、しかも流動は拍子によって力を撓められ、逆にその推進力を強くするという性質を持」[1] つリズムの構造を様々な現実の根底に据えることによって、主観と客観などの「「一元論的二項対立」と呼ぶべき」[2] 哲学におけるジレンマを乗り越えようとする論考である。それは、身体を意識と外界の間で現象が生じる場所として位置づけ、認識の主体を身体そのものとみなそうとする論考でもある。

　「身体に直接触れて感受されるリズムは、知覚や観念を対象的に捉えるのにふさわしい言語表現になじみにくいのだが、助けとなったのは、「する気になる」とか「考えが浮かぶ」といった、主体の受動性、非主体性を暗示する日本語の慣用表現であった」[3] と山崎はあとがきで述べている。随所で用いられる日本語の慣用表現とは、中動態と自動詞の表現である。第2章で引用した國分の論考では、自動詞は中動態と近い意味を持つ存在であると述べられている。

　本書はリズムと身体についてだけでなく、リズムと認識、自然科学、哲学と常識についての幅広い射程を含む論考なのだが、本章では、知覚における身体とリズムを感受する身体についての論を、第3章のメルロ＝ポンティの感覚的世界の身体と関連づけて検討することで、中動態と感覚的世界の身体との関係を探っていきたい。

2 「見える」という中動態表現と感覚的世界の身体に生じる知覚

山崎は第2章「リズムと持続」で、呼吸を例にとって、以下のように述べている。

　ほとんど反射的におこなわれて、意識されることはめったにない呼吸だが、「空気が薄くなったり運動が激しくなった場合」[4]に、「呼吸はまず反射的に荒くなり始め、やがてその事実が息苦しさとして感じとられ、その極限にいたって思わず意識的な深呼吸がおこなわれることになる」[5]ように、現実の生きた身体とは「反射運動と意識のあいだで、そのどちらともつかない曖昧な領域で働く存在」[6]である。身体の働きは「受動的であると同時に能動的であるというか、あるいはつねに意識的な選択へ転じようと身構えている受動性とでもいうべきものである。この身体の両義性は行動にさいしてのみならず、知覚的な表象の選択についても明らかに見てとることができる。意識が何かを見るためには、まずその何かが見えることが不可欠だが、何が見えるかを拾いとるのは身体であって意識ではない」[7]。(傍点筆者)

　この知覚的な表象の選択については、第3章の「リズムと身体」で、メルロ＝ポンティが『行動の構造』で取りあげたゲシュタルト現象を踏まえて、「知覚の原点が感覚刺戟ではなくゲシュタルトの「図」であること、それが「地」と交替しながら知覚世界を開くこと、そしてその世界が主観・客観の対立を超えていること」[8]を次のような例をあげて説明する。

　「たとえば人が花畑を歩いてそのなかに一群の花の群生に気づくと

き、その花の群れは最初からまとまった絵柄（ゲシュタルトの「図」：筆者加筆）として向こうから目に飛びこんでくる。人が目を凝らして群れを見つめるのはその後のことであって、花が群れをなして一枚の絵に統合されるのも、それが花畑から突出してめだつのも自動的な現象である。すべて見ることは見えることから始まり、人は見えたものだけを見ることができるのだが、そのさい見えるものはたんなる感覚刺戟の集合ではなく、すでにゲシュタルトの「図」として統一されている」[9]。このゲシュタルトの「図」と「地」の交替が生じる過程は、人の身体の側からいえば、「完全に受動的な経験であって、世界は身体にたいして向こうからおのずと立ちあがってくる」[10]（傍点筆者）

　山崎は知覚の原点を、物理的世界の感覚刺激ではなく、ゲシュタルトの図に置く。知覚に先立ってゲシュタルトの図として統合されているものが、私たちにはまず見える。そこから見るという知覚世界が開く。世界は、ゲシュタルトの図と地を交替しながら知覚世界を開き、その世界は主観・客観の対立を超えていると述べる。そして、ここまではメルロ＝ポンティのゲシュタルト理論に負っているという。

　しかし山崎は、メルロ＝ポンティの初期、盛期の主要著作での身体には、意識の志向性と能動性が引き継がれている点を批判する。そして、ゲシュタルトの図が生じる過程は、身体にとって受動的な経験であり、ゲシュタルトの図と地の交替は、身体が選ぶのではなく、自動的に生じて知覚世界を開くと述べる。つまり、ゲシュタルトの図（何か：筆者加筆）が見える時には、その人の意識はそれを志向していないので、身体は受動的だと述べるのである。しかし、ゲシュタルトの図（何か）が見えるという現象は、「あくまでも経験され、人に気づかれるかぎりにおいてのみ存在する現象であるから、経験論者の信じる客観的な物理的世界でもない。ゲシュタルトが形成する世界は主客対立の構図を超え、経

験論と観念論の対立を超え」[11]ていると述べる。

　それらを踏まえて山崎は、ゲシュタルトの現れる場所は、「外界の現実でもなく、まして内面の意識でもなく、いわば両者の中間にある身体のほかにはな」[12]く、「ゲシュタルトは内発的、自動的に、向こうから現れてくる点で外界の現実に似ており、他方、人が感じないかぎり存在しえないという意味で意識現象に似ていて、じつは同時にその両者のどちらでもある」[13]と結論づける。ここで、知覚的な表象の選択の例としてあげられた「一群の花が見える」は、中動態での表現である。山崎の結論に基づけば、「一群の花が見える」という中動態表現は、身体に、一群の花というゲシュタルトの図が現れていることを表現していることになる。中動態と身体が、ここで結びつく。

　山崎がメルロ＝ポンティの初期、盛期のゲシュタルト理論を、受動的な身体の視点から批判的に乗り越えようとして導き出した結論は、なぜか、後期のメルロ＝ポンティが探っていた、主－客の手前の感覚的世界の身体に生じる知覚と相通じる結論になっている。山崎は、意識的に見ることを志向していない身体を、受動的と位置づけているが、この身体は、メルロ＝ポンティの『見えるものと見えないもの』での主－客の手前の感覚的世界の身体に相当するのである。

　また山崎は、主体として「見る」手前の「見える」という経験は、外界の現実に似ていて、他方でそれを感じないかぎり存在しえない点では意識現象に似ていて、両者のどちらでもあるとも述べている。ここでの「見える」という経験についての説明は、メルロ＝ポンティの着眼点とは異なるが、しかし、「或る能動性をそなえた受動性としての視覚」（メルロ＝ポンティ）という点では共通している。両者ともに、主体としての私が物を見るのではなく、主体として物を知覚する手前の経験を中動態の「見える」に見いだしているのである。

　第2章でとりあげた中動態に関する論考の中に、身体は登場しない。

また、大橋は、何かが「見える」という事態の構造を、「「見る私はいない、故に私は見る」という、一見逆説的な事態」[14]であり、それは深層においては、ものを見るという主体の働きが、ものがそれ自身をあらわすという告示の働きと一体になるという事態だと述べていた。大橋に従えば、一群の花が見える時には、見るという私の意識はなく、私の意識は一群の花の現れと一体になっている。そしてその一群の花（ゲシュタルトの図）が現れる場所は、山崎に従えば、外界の現実と意識の中間にある身体である。この大橋の論と山崎の論を併せて考えると、一群の花が見える時には、私の意識だけでなく、私の身体も一群の花（ゲシュタルトの図）と一体になっていることになる。

　大橋の言う、意識的に見る私がいない、故に私は見るという、一見逆説的な事態である「見える」とは、メルロ＝ポンティの言う、主－客の手前の感覚的世界の身体に生じる所有権放棄の視覚としての「見える」であり、山崎の言う、受動的な身体にゲシュタルトの図が現れている「見える」である。この三者の論から、中動態表現（ここでは「見える」）と感覚的世界の身体に生じる知覚（ここでは視覚）との関係が導き出される。

　見る主体としての私がいない、主－客の手前の私の感覚的世界の身体が、ものの現れと一体になっていることを表現しているのが、中動態の「見える」なのである。

3　リズムと感覚的世界の身体

　上記の感覚的世界の身体に生じる知覚と中動態についての結論を踏まえたうえで、リズムと身体についての山崎の論についても検討したい。

　リズムを感受する身体について、山崎は、第1章の「リズムはどこにあるか」で、リズムは「俗に五感と呼ばれるすべての感覚を通じて享受

することができる」[15]、「裏返していえば、リズムを受けとる特定の感覚器官、感性の種類はどこにも存在」[16]せず、「リズムを感受するのは身体の全体だ」[17]と述べる。

　そしてそれを、視覚的なリズム、空間的なリズムを例にあげて、次のように説明する。

　　「点と線のつながり、色彩を帯びた面の配置は視覚を通じて受容されるが、物理的には動かないそれらの形態がそのままリズムを生むはずはない」[18]。「日本庭園の飛び石がリズミカルに見えるのは、人がそのうえを跳んで歩くから」[19]であり、「かたちが流れや弾みを感じさせるのは、第一には見る人がそのかたちをなぞって眼球を動かし、第二にはそれを描いた画家の運動を自分の体内で追体験するからだろう。かたちを見てリズムを感じる人はみずからもひそかに身体を動かし、その運動感覚のリズムを味わっていると見るほかはない」[20]。

　また、身近なきわめて示唆的な現象として、オノマトペを取りあげて、鷲田清一の『「ぐずぐず」の理由』を引用しながら以下のようにも述べる。

　　「視覚や聴覚など分立した感覚以前に「共感覚」（メルロ＝ポンティ：筆者加筆）と呼ぶべき全身的な感受能力があって、これが感覚をオノマトペへと導いている」[21]。オノマトペとは、たとえば「物をなぞるときに、そのなぞる身体のうちに喚び起こされる「反響」としての言語表出」[22]（傍点原文）なのである。

　このオノマトペをリズムの観点から考察したうえで、山崎は、「リズムとは個々のどの感覚によるのでもなく、それらを超えた独特の感受

性」[23]、すなわち「オノマトペを生むといわれる「共感覚」と同じ」[24]、「全身の運動感覚によって感受されるものである」[25]と述べる。

　リズムと身体の関係については、第1章「リズムはどこにあるか」で、以下のように述べている。

　　「内に脈動の切れ目を含むとはいえ、あくまでも一筋の流動にほかならない」[26]リズムは、「随時、随所に一定の位置と方向を帯びて流れ、最終的には身体に働きかけてくる現象」[27]であり、またリズムそのものは、「感覚や意識という通路を経ることなく、どこからともなく直接に身体の全体に浸みこんでくる」[28]。

　　リズムの身体にたいする伝達については、便宜的に「「リズムを感じる」とか、「リズムの感受性」などという言い方をしたが」[29]、「たとえば「共鳴」、あるいは「共振」と呼ぶのが適当であ」[30]り、純粋流動としてのリズムが、「身体というもう一つの媒体に乗り換え、その内部で共振を起こす」[31]のである。

　　そして、「意識の未発達な乳幼児ほどリズムに共鳴しやすく、リズミカルに揺さぶればあるいは笑い、あるいは安らかに眠る」[32]ように、リズムは「感覚や意識の対象ではなく、むしろ感覚や意識が衰弱したり鈍化した身体のうえにこそ現れる」[33]。それらを踏まえると、リズムに対して身体は「受動的」[34]であることは明らかである。

　山崎に従えば、リズムに対して身体が受動的であることとは、リズムが、全身の運動感覚によって感受されることであり、リズムが、感覚や意識を経ることなく、直接身体に浸み込んで、身体の内部で、共鳴あるいは共振を起こすことである。ここでも、リズムに対して受動的な身体とは、意識がそれを志向していない身体を意味していて、それは、メルロ＝ポンティの主−客の手前の感覚的世界の身体に相当する。そのこと

は、「リズムは感覚や意識の対象ではなく、むしろ感覚や意識が衰弱したり鈍化した身体のうえにこそ現れる」という一文に端的に表れている。しかも、リズムがそのような「身体のうえに現れる」という表現は、「ゲシュタルトが身体に現れる」という表現と同じである。

　「一群の花が見える」という中動態での表現が、感覚的世界の身体が、一群の花と一体になっていることを表現していたのと同じように、リズムが身体のうえに現れることとは、リズムを感じることを志向してはいないのにもかかわらず、感覚的世界の身体が、リズムと一体になっていることを表現しているということができるだろう。

　山崎の言う、リズムに対して受動的な身体を、メルロ＝ポンティの主－客の手前の感覚的世界の身体に置き換えると、日本庭園の飛び石を見ている人が、飛び石の上を飛んで歩いたり、絵を見ている人がかたちをなぞって眼球を動かし、画家の運動を自分の体内で追体験したりするのは、飛び石や絵を見ている時に、リズムを感じることを志向してはいないのだが、感覚的世界の身体が、飛び石や絵のかたちをなぞっていくリズムと一体になっているのである。同様に、リズムに共鳴・共振することも、それを志向していないのだが、感覚的世界の身体が、リズムと一体になっているのである。

　全身の運動感覚によってリズムを感受することとは、主－客の手前の感覚的世界の身体が、身体でなぞるリズムも含めて、リズムと一体になっていることなのだと考えられる。

4　保育者の中動態での語りと感覚的世界の身体

　主－客の手前の感覚的世界の身体は、知覚の手前で、ものの現れと一体になったり、リズムと一体になったりする。第3章の4では、メルロ＝ポンティが述べた「運動、触覚、視覚は、相互に、またそれらすべて

に適応し合いながら、それらの起源に向かって遡ることになる」の「起源」を、主－客の手前の感覚的世界の身体に生じる「所有権放棄」の知覚や運動だと考えた。本章で考えてきたことを踏まえれば、「所有権放棄」の知覚や運動とは、主－客の手前の感覚的世界の身体が、ものの現れや他者の現れやリズムと一体になることだと考えることができる。

　第3章の最後に、第1章でのA保育者の感覚的世界の身体に、Bさんの身体のリズムや動きや声が移行してきたと述べた。それは、本章を踏まえると、A保育者の感覚的世界の身体が、Bさんの身体のリズムや動きや声などと一体になっていたということができる。Bさんの身体のリズムや動きや声などと一体、つまり同じ状態になっている感覚的世界の身体を感じることは、Bさんの内面を感じることである。そして、身体がBさんの身体と同じ状態になることは、A保育者が志向したことではなく、A保育者の感覚的世界の身体を場所として生じた出来事である。だから、A保育者は、Bさんが楽しそうに遊んでいるのが感じられたと中動態で語ったのだと考えることができる。

　その子の表情や声や動きなどと一体になっている主－客の手前の感覚的世界の身体を感じることは、その子の思いを感じて共有できることである。それを保育者は中動態で表現するのである。その子と同じ状態になっている感覚的世界の身体を感じることは、まさに身をもってその子の思いが感じられる、わかることである。それは鷲田のいう「「理」による「わかる」、「知」による「わかる」よりも、もっと垂鉛を深く下ろした「わかる」」[35]に相当すると考えられる。しかも、私が所有する理解とは違い、所有権を放棄した感覚的世界の身体で感じるその子の思いは、その子と共有できて、その子とつながりあえた実感を生む。だから保育者は、中動態でそれを嬉しそうに語るのだと考えられる。

（引用文献）

1) 山崎正和. リズムの哲学ノート. 中央公論新社, 2018, 252
2) 同上. 252
3) 同上. 254-255 を一部改変
4) 同上. 58
5) 同上. 58
6) 同上. 58
7) 同上. 58
8) 同上. 78
9) 同上. 77
10) 同上. 78
11) 同上. 78
12) 同上. 99
13) 同上. 99
14) 大橋良介. 感性の精神現象学　ヘーゲルと悲の現象論. 創文社, 2009, 5
15) 前掲 1) 11
16) 同上. 11
17) 同上. 11
18) 同上. 12
19) 同上. 12
20) 同上. 12
21) 同上. 21 を一部改変
22) 鷲田清一.「ぐずぐず」の理由. 角川学芸出版, 2011, 135
23) 前掲 1) 21
24) 同上. 22
25) 同上. 22
26) 同上. 25
27) 同上. 25
28) 同上. 30

29） 同上．30

30） 同上．31

31） 同上．31

32） 同上．31

33） 同上．31

34） 同上．32-33

35） 前掲22）239

第5章

中動態で表現される経験と保育者の知と身体

1 第5章の目的と使用する資料

　ここまで、保育者の中動態での語りを、身体との関係から考えてきた。本書に登場したA保育者、D保育者そしてG保育者、またそれ以外のこれまで出会ってきた保育者たちが、中動態でその子のことを語るまでには、その子と良い関係を築くことができずに悩みながらも、その子の思いを理解しようとしてきたという共通点があった。そのようなプロセスを経て、その子の表情や声や動きなどと同じ状態になっている主－客の手前の感覚的世界の身体を感じることで、その子の思いを感じて共有できた。そのことを、その子の思いがわかった、感じられたと保育者は中動態で語るのだと考えることができた。しかし、そこに至るまでのプロセスがどのような経験だったのかを、それぞれの保育者に改めて聞いてはいない。

　そこで第5章では、自分の保育を振り返り、保育の場で起こったことを体感も含めて問い直してきた守永英子のエッセーと語りを資料として用いたい。それらの資料の中で、守永が中動態で表現している経験と、その経験に至るまでにどのように省察を重ねてきたのかを、本書に登場した他の保育者の語りも併せて探っていきたい。

　第5章では、子どもの気持ちがわかった、子どもとつながりあえた経験を中動態で表現している守永英子の以下の5つの資料を使用する。

　「空き箱の風　3歳10月」[1]「汚れた靴下　4歳1学期半ば」[2]「やりたくない気持ち　4歳2月～5歳6月」[3]「対談"保育学"事始（その1）—臨床と教育のあわいに—」[4]「対談"保育学"事始（その2）—臨床と教育のあわいに—」[5]

「空き箱の風　3歳10月」「汚れた靴下　4歳1学期半ば」「やりたくない気持ち　4歳2月〜5歳6月」は、『保育の中の小さなこと大切なこと』に収められている守永のエッセーである。『保育の中の小さなこと大切なこと』には、守永が『幼児の教育』誌に書いてきたエッセー「保育の中の小さなこと大切なこと」のシリーズと、エッセーの内容について、保育者たちと語り合った座談会の記録が含まれている。守永が書いたエッセーと共に、その内容をめぐる座談会での語りも、資料として用いる。「対談"保育学"事始（その1）―臨床と教育のあわいに―」「対談"保育学"事始（その2）―臨床と教育のあわいに―」は、『幼児の教育』誌に連載された、大学の同期の臨床家である野田幸江と守永との対談である。

　守永は、「「捨てる」と「捨てない」」6)と題するエッセーで、「"捨てる""捨てない""何を捨てるか""何を捨てないか"ということは、人間の生き方の基本的なところと絡んでいるような気がする」、「数年前、本誌に連載した"保育の中の小さなこと大切なこと"も、毎日の保育の中での体感を"捨てなかった"ことから生まれたものである」と書いている。

　『保育の中の小さなこと大切なこと』の座談会の中では、エッセーを書いた経験について、「あとからその場面を思い出して、自分はどういう思いだったかを繰り返し考えてみる。そのときの思いを出来るだけ忠実に表現したいと思うと、小さなことも捨てずに整理されていく。文章にしていくときに、自分のそのときの状況を臨場感を持って思い出して並べてみて、うまく当てはまる表現を探す」7)経験だったと述べている。さらに、同書のあとがきで、小宮山雅代は、守永が「たったこれだけ書くのに、ものすごく時間がかかる。何回も推敲して言いたいことにぴったりの言葉を探すので…」8)と話していたと書いている。

　保育の場面での自分の思いを、体感も含めて臨場感を持って思い出

し、その時の思いをできるだけ忠実に表現するために、小さなことも捨てずに整理して、言いたいことにぴったりの言葉を探したのが、第5章で資料とする守永のエッセーである。

2　守永の保育観

ここでは『保育の中のちいさなこと大切なこと』の中での守永のエッセーと座談会での守永の語りを抜粋しながら、守永の保育観についてまとめる。

入園当初の子どもが、生活のルールとどのように出合うかについて、守永は「子どもは、実際の生活の中で、自分の気持ちと出会ったところで行動するでしょう。そして、自分の行動が生活のルールとどういう関係を持っているかを学んでいく。その過程で、共に生活している大人と、どういう関係で出会うかということが、子どもがそのあとに出会ういろいろなことと、どういう出会い方をするかの基になると思います。それは、生活のルールと子どもの欲求との間を、先生が取り持つということなのです。子どもにとって押しつけられたり、怒られたりすることではなくて、子どもと気持ちを重ね合わせるような方向で、先生の側が工夫する、それが大人の知恵だと思います。その工夫で、子どもと先生とが、気持ちを重ね合う快さを土台として培っていけば、そのあとから来るものに対する先生の希望みたいなものに、子どもの方から近寄ってくれる力がついてきます」[9]と語っている。

たとえば、入園して間もない頃に、水槽に手を入れて金魚をつかんでしまう子どもの気持ちを「せっかちに「良い」「悪い」と分けないで、肯定しながら修正していく道を考えよう」[10]とするのだと語る。子どもと気持ちを重ね合う、もしくは子どもと気持ちを重ねるという言葉は、エッセーの中では用いられていないが、本章で資料とした語りの中でも

用いられている言葉であり、子どもと肯定的な関係を築くために、守永が大切にしていたことである。

　子どもとの関係については、「保育者は、子どもが保育者に対して心を開き、保育者を受け入れてくれるように努力し、忍耐する。そして、子どもが保育者を受け入れ、保育者が、保育者を受け入れている子どもを受け入れるとき―つまり、この相互関係が、幼児の教育の基礎になるものと、私は考える。この基礎作りは、手間のかかる仕事である。しかしこれを抜きにしては、幼児の"内なるもの"に働きかけることは出来ないという気がしている」[11]と書いている。また、座談会の中では「とにかく保育者が子どもの現状を肯定して受け入れるところからでないと子どもの力になっていかないと思うのです」[12]とも語っている。子どもの内面が育つための基礎として、子どもと肯定的な関係を築くことを重視していたのである。

　上述の語りの中の「先生の希望みたいなもの」とは、子どもの育ちに対する願いである。それについては、「遊べている状態をつくるのが保育の目的ではない。目的は個々の子どもの成長。その子が自分の持っている力を生かして生活出来るようにということです」[13]と語っている。そしてその成長については、「丸ごと肯定的に受け入れられた子どもは、甘えや依存を含みながら、安心して自立していくのでしょうね」[14]と語り、「自分が肯定されることから、自分自身を肯定出来る姿勢が育っていってほしいと思います」[15]とも語っている。

　子どもの成長についてはさらに、「子どもが何かに関心を持って「こうしたい」という要求があったら、私としては、その要求に対して、自分から積極的に何かをしていこうとし、考えたり工夫したりしてやり遂げて、自分の要求が満たされたという経験をさせたい」[16]と、自分の力を活かして、自分を肯定的に捉えられるようになっていく方向性を語っている。また、「人と気持ちを重ねる快さの経験を土台にして、人を思

いやる心を身につけてほしい」[17]と語り、「自分の靴を放り出した相手の子どもの気持ちを聞き、それを受け入れて、問題を解決していこうとする態度」[18]に子どもたちの成長を見ている。ここからは、周囲の人を肯定的に捉えられるようになっていく方向性が読みとれる。

　測定できる能力ではなく、保育者との肯定的な関係を基礎として、自分を肯定し、周囲の人も肯定しながら、自分の力を生かして生活できるようになっていく個々の子どもの内面の変化を、守永は成長として捉えていたことが読みとれる。

3　省察のプロセスと中動態で表現されたつながりあえた経験

（1）空き箱の風　3歳10月

　このような保育観を持って、長年保育に携わってきた守永が書いたエッセーの中から、ここではまず、「空き箱の風　3歳10月」をとりあげる。以下は、本文の抜粋を含めた要約である。

　保育室の隅から何か目新しいものを見つけてくるのが好きな3歳児クラスのS夫が、10月半ば過ぎのある日に、空き箱をかかえて保育室の中を何をするともなく歩いていた。
　「S夫は、ときどき、パタパタと箱のふたをあけたりしめたりしていたが、私のそばにくると、私の顔の前で、パタッと箱のふたを閉じてみせて、「ほらっ！」と言った。パタリとしまった箱の音を聞き、突然閉じられた箱のふたと身の間から、風が私の顔にかかったそのとき、私には、"ほらっ！"という短い言葉の後ろにあるS夫の気持ちが、よく分かったように思われた。「あっ、音がした。風がきたわ」という私の驚きの反応に、S夫は、以前作った風車のことを思い出し

たように、「この風で、風車まわそうか」とひとりごとのように言ったが、やってみようというふうでもなく、私の驚きで、十分満足したように、その場を離れて行った。Ｓ夫の行動を理解出来たと思った瞬間は、私には感動的なものであった」

　Ｓ夫は、衝動的で危険な行動がやや目につき、わかりやすい子どもではなかった。2学期になって少し落ち着いてきたものの、空き箱のストックから目新しいものを見つけても、ただ持って歩いたりする。あるいは、「…を作ろう」と言うが、それを作るのでもなく、それに対する大人の助力も軽く拒否をする。Ｓ夫自身も何をしたいのかわかっていないのではないかという感じだった。そのような状態に対する私の気持ちは、“材料体験の大切な時期だから、焦らずに待たねばならない”という、積極的な肯定とは言えないものだった。

　「私のＳ夫に対する気持ちが、積極的な肯定に変わったとき、Ｓ夫の行動が、私の心に見えてくるようになり、“材料体験”という空疎な言葉が、Ｓ夫の行動でつぎつぎと満たされてきた。ヤクルトのびんを2つずつ輪ゴムでくくったものを、いろいろに積んでみたときも、ラップの芯の筒をいちごの空き箱の裏に煙突のようにはりつけて、耳に当てたときも、彼は説明もなく「ほらっ！」と私に示しただけであったが、私には彼の気持ちがよく分かった。

　私が彼の気持ちが分かるように思えたとき、彼も私の気持ちが分かるようになったことを私は感じることが出来た。私がクラス全体に話をしているときに、彼は以前よりずっと落ちついて話を聞くようになったし、急いで遊具の片づけをしてほしいときも、彼はよくやってくれるようになった。いつもそうであると確信して言えるほど強固なものでないにしても、彼と私の間は、目に見えない糸で、やっとつながったという気がしている。

　そして、保育のベースに欠くことの出来ないこの“見えない糸”

が、消えてしまわないように、より確かなものになるように育ててい
くことが、次の私の課題と思っている」

　Ｓ夫が「私の顔の前で、パタッと箱のふたを閉じてみせて、「ほら
っ！」と言った。パタリとしまった箱の音を聞き、突然閉じられた箱の
ふたと身の間から、風が私の顔にかかったそのとき」、「"ほらっ！"と
いう短い言葉の後ろにあるＳ夫の気持ちがよく分かったように思われ
た」と守永は中動態で書いている。パタリとしまった箱の音と風を受け
て守永に生じた感覚を、守永は、音がして、風が吹いて面白いでしょ！
と伝えたかったＳ夫の気持ちとして感じた。それが「Ｓ夫の気持ちがよ
く分かったように思われた」と中動態で表現されていることだと読みと
れる。
　そして、守永がＳ夫の「気持ちが分かるように思えた」時、Ｓ夫も守
永の「気持ちが分かるようになったことを私は感じることができた」と
Ｓ夫とつながりあえた喜びを表現している。相手の気持ちがわかるよう
になることが、子どもとの間で相互的に生じ、守永はその相互関係を保
育の基礎だと考えていたのは、前述のとおりである。
　このエッセーの内容についての座談会の中で、Ｓ夫が箱をパタッとや
って「ほらっ！」っと言った時に、どうして彼の気持ちがわかったよう
な気がしたのかを問われた守永は、「なんとなくつかみ所のない子で、
何か分かる手掛かり、近づく手掛かりみたいなものを欲しいと思ってい
たから」[19]と答えている。また、「その場では無になって、相手の全体か
ら十分に理解しようと」[20]しているとも語っている。「その場では無にな
って」という表現は、第１章に登場したＡ保育者が「身体を緩めて、非
常に柔らかい状態にする」と語ったことと相通じるように思われ、感覚
的世界の身体になろうとしていることだと読みとれる。そして、「この
子は感覚的なものを求めていたのだと分かると、こちらの気持ちも肯定

的になる。今まで全然自分の視点になかったものに気づいたことで、自分も感動する。そういう肯定的な関係が出来て、こちらが肯定的な気持ちになったときに、関係が育ち始める。その感動を書き留めてみたのです」[21]と中動態での語りを交えて語っている。

このエッセーの中では、「Ｓ夫の伝えたいことがよく分かったように思われた」と中動態で表現するまでのプロセスで、「Ｓ夫自身が何をしたいのか分かっていないのではないか」と考えていたことは書かれているが、それ以上の詳しいプロセスについては書かれていない。しかし、座談会では、何かわかる手がかりを得て、Ｓ夫の気持ちを理解したいと考えていたことと、その場では無になってＳ夫の様子を感じようとしていたことを語っている。

以下の(2)〜(5)でとりあげるエッセーと語りの中でも、その子の気持ちがわかった、感じられた、その子とつながりあえた経験を中動態で表現するまでに、守永がその子の気持ちと対応について考え続け、その子の気持ちを感じようとするプロセスがあったことが記されている。

その点に着目しながら、以下では中動態で表現された、その子の気持ちがわかった、感じられた、その子とつながりあえた感覚が生じた守永の経験の内実と、その経験に至るまでのプロセスを探っていきたい。

(2) 対談“保育学”事始（その１）―臨床と教育のあわいに―

この対談で守永は、保育者という存在について、子どもの後ろに立って、子どもを活かすことができる必要があると語っている。そのためには「私はこういう性格だからって開き直るんじゃなくて、だけどちょっと変わってみようかなって考えることは大切でしょ。行き詰まった状況を変えるには自分が変わってみることが１つですものね」と述べて、子どもとの関係で行き詰まり、その子への対応を守永が意識的に変えた体験を次のように語っている。

「とめなくてはいけないことばかり、次々としてしまう子どもがいたの。だから、いつもとめてばっかり。こうなってくると、子どもにとっても、私は、うっとうしい存在でしょうね。すると、どうしても行き詰まってくるから、どこかを変えなきゃと思ったけど、相手はそんなに急には変えられないでしょ。だから、私を変えてみることにしたの。

　1人の子どもが、鋸で木を切っていたら、その子が下に寝ころんで、木くずが落ちてくるのを見上げているの。でも、ちょっと危ないのね。いつ、鋸がはずれるかもしれないし…。何とかとめないでおきたい。いつもいつもとめてばかりという関係を打ち破りたいと思っていたから、寝ころがって見上げるということを承認することにして、少し机をずらして距離を作り、座布団をあてがって「ここを枕にしてここから見るといいわ」って言ったの。その子、とても嬉しそうな顔をしたわ。寝ころがって、下から木の切り落とされるのを見るっていうのは、彼の見つけた行動でしょう。だから、そこに、私が一生懸命接近しようとしたわけ。それがわかったのか、嬉しそうな表情が現れたのね。それで私は、そばにいた子どもに「あなたも見る？」なんてちょっと誘ったの」

　「その時の嬉しそうな顔、ちゃんとわかるのね。そして、「ああよかった、関係が少し変わった」って思えるの。客観的に説明しろって言われても困るけど…。でも、確実に、その後の動きは変わりますね。第一、私自身がとても嬉しくなってくるし…。そんな気持ちの通い合いが、20年も保育を続けさせたのかな（笑）」

　自分が、その子にとってうっとうしい存在になり、その子との関係が行き詰まっていると感じたことから、守永は自分を変えようと考え、その子の行動に「一生懸命接近しようと」して、その子のやりたい気持ち

を意識的に肯定して対応した。これは、G保育者を始めとする他の保育者の経験とも共通している。その子には「それがわかったのか、嬉しそうな表情が現われた」と守永は中動態で語っているのだが、「それ」とは、その子の気持ちを、守永が肯定してくれたことである。そして、「その時の嬉しそうな顔、ちゃんとわかるのね」と守永の経験を中動態で語っている。さらに、「ああよかった、関係が少し変わったって思えるの」と中動態で語り、それに続けて「客観的に説明しろって言われても困るけど…」と語っている。

　ここでの守永は、その子との関係を変えるために考えてきたことや考えたうえでの対応については、状況を含めて具体的に語っているのだが、守永の対応を受けたその子の嬉しそうな表情を見た後のことは中動態で語り、それは客観的に説明するのが難しいと語っている。守永が客観的に説明するのが難しいこととは、その子の嬉しそうな表情と同じ表情になった守永に、その子の嬉しい気持ちが感じられ、それをその子と共有できて、つながりあえたという実感が生じたことだと考えられる。これを客観的に説明するのが難しいと語りながらも、それによってその子と自分の関係が良い方向に変化することは「確実」だと語っている。ここから、子どもの思いがわかって共有できたことで、その子とつながりあえた実感は、保育者としての守永にとって大きな意味を持っていたことが読みとれる。

(3) 汚れた靴下　4歳1学期半ば

　エッセーの冒頭には、4歳児クラスから入園したK男は、新学期で、保育者の手を必要とする子どもが多いなかでは、手のかからない子どもだった。「にもかかわらずK男には、何か気にかかるものを感じていた」と書かれている。以下は、本文の抜粋を含めた要約である。

1学期の半ば過ぎのある日、片付けが大変ななかで「K男が「靴下汚れちゃった。替えて」と言いにきた。見ると砂場で泥がはねたらしい。「片づけがすんでからね」と言って片づけを急いだが、帰りの時刻が迫っていた。「Kちゃん、今日は遅くなったから、そのままで我慢してくれる？」K男は、黙って私から離れていった」。

　帰りの支度中にT男が「Kちゃんがぶった」と言いに来たので、咎められたと感じないように声の調子に気を使いながらK男に「Tちゃんのことぶったの？」と声をかけたが、K男は黙っていた。思いがけない重い反応にとまどいながら「どうしてTちゃんをぶったの？」と聞いても黙り込んでいる。帰りの時刻で焦った気持ちで「お友達をぶたないのよ。ご用があったらお話しするのよ」などK男の応答を促す言葉をかけても「K男はいよいよ貝のように押し黙ったまま。私の言葉がK男のからだにぶつかって、むなしくはね返ってくるのが分かった」。

　「K男を席に着かせ「さよなら」と挨拶をしようと思ったとき、私の心にさっきの靴下のことが浮かんだ。K男の望むことをしてあげもせずに、自分の言うことを受け入れさせようとは大人の身勝手ではなかったか。K男の気持ちをこのままで帰したくない…帰りの時間が遅れてもそれには替えられない…私は、全く気持ちを切り替えて言った。「そうそう、Kちゃんの靴下汚れているんだったわね。替えてあげましょうね」。私はK男が靴下を替えるのを手伝いながら、もう一度そうっと言ってみた。（しつこいかなと思いながら）「もうお友達をたたかないのよ」。私の不安をよそに、K男は、今度はすぐにうなずいた。私には、K男の望んでいることが少し分かったように思えた」。

　守永にとって何か気にかかるものを感じていたK男は、降園時刻が迫るなかで焦る守永の言葉を受け入れない。その状況下での、守永の声か

けに対する「いよいよ貝のように押し黙った」というK男の様子の描写や自分のかけた言葉が「K男のからだにぶつかって、むなしくはね返ってくるのが分かった」という記述には、守永の言葉を受け入れないK男の様子について守永が感じていたことが、体感を含めて描写されている。

　「K男を席に着かせ「さよなら」と挨拶しようと思ったとき、私の心にさっきの靴下のことが浮かんだ」という記述からは、感じていたK男の様子の理由を考え続けていたことが読みとれる。「さっきの靴下のこと」が守永の心に浮かんだ時に、守永は、K男の満たされなかった気持ちを感じた。そして、即座に自分の対応を反省し、かつK男の気持ちが肯定的に動くためにどう対応したら良いかを考えた。降園時刻が迫るなかでも、K男の気持ちを感じ、自分の対応を振り返り、K男の気持ちが肯定的に動くための対応を考えたのである。

　その対応に、K男は守永が自分の気持ちをわかってくれたと感じた。その後の守永の言葉に、「貝のように押し黙ったまま」だったK男がすぐにうなずいたことで、守永は「K男の望んでいることが少し分かったように思えた」と中動態で表現している。靴下を替えるのを手伝いながら、押し黙ったままかもしれないという不安を抱きつつも、もう一度そうっと言ってみた言葉にK男はすぐにうなずいた。そのうなずく動きと一体になっている身体を感じることで、守永にはどうしてもこうしてほしかったK男の切なる気持ちがわかった。この場でわかったK男の気持ちは、気にかかるものを感じてきたK男が望んでいることの一端として、「少し分かったように思えた」と表現されている。

　「先生、早く来て！　4歳12月」[22]には、半年後のK男の姿が描かれている。そこでは、K男の気持ちが守永に対して開かれていること、そしてK男が、守永に求めるだけでなく、守永の気持ちと自分の要求の両方を踏まえた動きをしたことを、驚くほど成長したK男の姿として描写

している。

（4）対談"保育学"事始（その2）―臨床と教育のあわいに―

この対談の一部を以下に引用する。

守永：いま、私の級（クラス：筆者）にね、部屋の中に砂利を投げこむ
　　　子どもがいるの。部屋がいつも砂利だらけ…。

　　　　この間ね、帰るときで、みんな帰り仕度をして椅子に腰かけ
　　　てたの。その日、作ったものなんか持ってね。その時、その子
　　　が、砂利を一杯持って、こぼしながら入ってきたんです。私
　　　は、一瞬「アッまた投げるのかな」って思ったのね。やっぱ
　　　り、そう思いこんでいたのね。でも次の瞬間、ふと自分の気持
　　　ちが変わったの。そして「これ、持って帰りたいのね」って声
　　　をかけたんです。すると、とかく、こちらの言うことの反対ば
　　　かりしがちな子なんだけど、「うん」って言うでしょう。「ビニ
　　　ールの袋に入れる？」って聞いたら、「ビニールの袋ちょうだ
　　　い」って言うんですよ。こちらの言うことをそのまま受けて、
　　　そのまま口うつしに応答するなんて、とても考えられなかった
　　　のよ。少なくとも私のその子に関するイメージの中には、なか
　　　った。

　　　…中略…

守永：そこで、ビニールの袋を出してあげたら、それに砂利を詰めて
　　　持って帰ったの。「また投げる、困った」なんて思って「捨て
　　　てらっしゃい」って言ったら、その子のそんなところ、見えな
　　　かったでしょうね。だけど、その時、どうしてフッと気持ちが
　　　変わったかなんて、自分でもわからない。「持って帰りたいん
　　　じゃないか」なんて、どうして思ったのかしら、ね。

野田：それが、経験という巨大な氷山の一角なんじゃない？　現れて
　　　くるものは、ほんの針の先ほどだけど、下に隠れているものは
　　　大きいのよ。

守永：やっぱり、いつも、どこかで、その子のことを考えているんじ
　　　ゃないかな。何も考えていなければ、「お庭に捨ててらっしゃ
　　　い」なんて、簡単に言っちゃったでしょうね。

野田：そうよ、いつもいつも、どこかで考えているから、ある瞬間が
　　　生きるのよ。決して偶然じゃないわ。

守永：その子と私の気持ちのつながりが薄いから、どこかでつながり
　　　を持ちたいと願う気持ちが根底にあるんでしょうね。だから、
　　　向こうから気持ちを重ねてこないなら、こっちから重ねてあげ
　　　て、「他者と気持ちを重ねることの快さ」みたいなものを経験
　　　させてあげたい、そうして、向こうも気持ちを重ねようと試み
　　　るようになってくれたらって、どこかで考えていたんでしょう
　　　ね。

野田：ねえ、「ビニールの袋に入れる？」「うん、ビニールの袋ちょう
　　　だい」なんて見事よね。それこそ、共感というやつよ。ねえ。

守永：でも、後から考えてみるとね、あの子は、本当に砂利を持って
　　　帰りたかったのかしら、本当にビニールが欲しかったのかしら
　　　って思うのよ。（笑）

　対談ではその後、その子はその時、投げる気もなく、持って帰りたい
とはっきり思っていたわけではなかっただろうと野田が話し、大人の対
応によって子どもの育ちが変わるという話になる。それを受けた聞き手
の本田和子が、子どもがその時に思っていることと「同じことを考える
ことが共感じゃなくて、同じ方向に動き出せるような心の状態になるこ
とが共感なんでしょうか」と問いかける。

野田：そうだと思いますね。砂利を持って帰ろうと思っていたかどう
　　　かは問題じゃなくて、その後の動きがピタッと一致し、2人が
　　　協調的に動くという方向が重なり合っているわけですもの。
守永：その瞬間に、パッと接近出来たみたいな喜びが、私にも相手に
　　　もあるみたいだし…。

　この対談では、その子と「気持ちのつながりを持ちたいと願う」守永
が、こちらから「気持ちを重ねてあげて」「他者と気持ちを重ねること
の快さ」を経験させてあげたいと考えてきたと語っている。「ふと気持
ちが変わっ」て「これ、持って帰りたいのね」という言葉が出た理由
を、守永は「自分でもわからない」と語りつつ、「いつも、どこかで、
その子のことを考えているんじゃないかな」と語っている。その子に気
持ちを重ねてあげたい。そう考え続けてきたことが、ふと出た言葉につ
ながったと語っているのである。「でも後から考えてみると、あの子は
本当に砂利を持って帰りたかったのか」と守永は語り、違ったのだろう
という話になるのだが、「これ、持って帰りたいのね」という言葉が出
た時に、守永は、その子がどうしたいのかを理解できたと思えてはいな
い。だから、その言葉を受けたその子の応答に驚いている。
　「ふと気持ちが変わっ」て「これ、持って帰りたいのね」という言葉
が守永の口から出たことは、第1章でA保育者が、Cさんの伝えたいメ
ッセージが「不意に、フワッとやって来る」と語ったことと共通してい
る。どちらも、その子の立場に立てた言葉は、自分が考えたのではな
く、ふと閃いたと語っているのである。「ふと」や「フワッと」という
言葉が表現することには、意識を下支えしている身体の働きが関与して
いると想定される。
　その子の立場に立って感じ、考えようとしていた保育者の感覚的世界
の身体が、一瞬、その子の身体に移行して、たとえば、その子の目で状

況が見えたことで、それに即した考えが自ずと定まった。その子の立場に立てた考えがふと閃いた時には、そのようなことが瞬時に生じたと考えられるのである。

　ここまで書いてきたように、その子の思いは、その子の立場に立って感じ、考えようとしてきた保育者の感覚的世界の身体が、その子の身体の状態と一体になることで感じられた。そして、それは、私の身体に意図せずに生じた出来事だから、中動態で語られた。

　それに比べると、その子の立場に立てた考えが閃いた時の身体の関与は、瞬時である。しかし、瞬時ではあっても、その子の身体と一体になった保育者の主－客の手前の感覚的世界の身体が知覚したことに即して、その考えは、意図せずに定まった。私が主体なのではなく、その子との間で意図せずに生じたという点において、その子の立場に立てた考えが閃いたことは、その子の思いが感じられたと中動態で語られた出来事と共通していると考えられるのである。

　守永が意図せずにかけた言葉を聞いたその子の応答は、守永が自分に肯定的な言葉をかけてくれた喜びの表れである。守永には、その子がどうしたいのかを理解できたわけではなかったが、その子が「パッと接近出来たみたいな喜び」を感じていることはわかった。そして、その喜びが「私にも相手にもあるみたい」と中動態で語っていることから、その子が喜んでいることがわかった経験とは、守永の身体が、その子の表情や声や動きと同じ状態になって、その子の喜びを共有できた経験であることが改めて読みとれる。

　そして、中動態で表現された「私にも相手にもあるみたい」な「その瞬間に、パッと接近出来たみたいな喜び」とは、守永のいう「他者と気持ちを重ねることの快さ」であり、他者とつながりあえた喜びである。ここからも改めて、その子と同じ状態になっている身体を感じることでわかったその子の気持ちは、その子と共有できて、その子とつながりあ

えた実感を生むのだと考えることができる。

　この対談の中では、「（子どもが思っていることと：筆者加筆）同じことを考えることが共感じゃなくて、同じ方向に動き出せるような心の状態になることが共感なんでしょうか」と聞き手が2人に問いかけている。この問いかけは、保育者が子どもの気持ちに共感することを認知的な側面で捉えるのではなく、子どもに対して肯定的な気持ちで応答できる「心の状態になる」という、保育者の気持ちの側面で捉えた問いかけである。

　野田と守永はそれに同意しているようだが、しかし2人は、そのような心の状態になること自体について語るのではなく、その子と保育者のその後の動きや、その子と保育者に生じる喜びを語っている。その喜びとは、守永が能動的にその子に共感した喜びではなく、「他者と気持ちを重ねることの快さ」と語られる、その子と守永が気持ちを共有できた喜びである。だから、守永は「その瞬間に、パッと接近出来たみたいな喜びが、私にも相手にもあるみたいだし…」と、共感をその子との間で生じることとして中動態で語ったのだと考えられる。

　ケアリング理論を提唱しているネル・ノディングズは、共感を、投影としてのempathyではなく、他者が感じていることが共振（sympathy）するように伝わってきて、共に感じることである[23]と述べている。守永が、その子の立場に立って、その子の気持ちを肯定的に理解しようとしてきたことは、empathyに相当する認知的な側面の働きである。共感するという言葉は、相手の立場に立って考えようとする、つまり、empathyの意味で用いることが一般的なのだと思われる。しかし、もしもその子の立場に立って、その子の気持ちを考えようとしてきたうえで、その子と気持ちを共有できたことを共感と呼ぶのであれば、それはempathyを働かせてきたことによって、その子との間でsympathyが生じたことであり、中動態で表現するのがふさわしい出来事なのだと考

えられる。

(5) やりたくない気持ち　4歳2月〜5歳6月

　エッセーの冒頭に書かれているのは、年長組の6月初めに、おとなしく、声も小さい内気なT夫が、大学の先生に依頼された実験に自ら参加しようとした姿である。以下は、本文の抜粋を含めた要約である。

　　T夫が保育室で友だち2人と絵を描いていた時に、大学の先生から実験に誘われ、一番物おじしないK夫が応じて別室に行った後、「T夫が、私にそっと近づいて、小さな声で言った。「次は、ぼくにして！Nくんより早くね」。私の心に、驚きと、とまどいと、喜びとが、つぎつぎに広がった。実は、私は、T夫が、このような課題場面を忌避するのではないか、と思っていたのである」。

　　自分で言えない場合の対応も考えながら、「それじゃ、U先生に、自分でそうお話ししたら…？」と伝えると、戻ってきたU先生にT夫は自分から近づき、「「今度は、ぼくにして」と、小さな声で、しかし、はっきりと言ったのである」。

　　ここから、昨年度の2月下旬からのおひなさま作りと年長組へのプレゼント作りの場面でのT夫の姿と、T夫の気持ちがわからないなかで対応を考え続ける守永の思いが描写される。

　　おひなさま作りの活動では、自分から加わるものの、おひなさまの顔を小さく、いくつもかき直して、かき損じで一杯になってしまい、私はT夫を励ますが、描けない。

　　T夫がやりたくないのならば、T夫の気持ちに従った行動をとらせてあげることが良いのではないかと考えるが、T夫の気持ちが捉えにくい。T夫はやりたいと思っているようだと母親が話すので、私は、作り上げた喜びを味わわせてあげたいと考えてかかわるが、T夫は

「作る」と言うものの、途中で庭のウサギの方に行き「やりかけで行っちゃった」と私を気にする。Ｔ夫は紙にいくつも小さなゆがんだ円をかいては、ぐしゃぐしゃと消す。手を貸し、声をかけながらやっと出来上がらせると、Ｔ夫はほっとした様子だった。

　家では「作ったよ」と母親にうれしそうに報告したというが、私は釈然としない。「Ｔ夫は、やはり、おひなさま作りを、したくはなかったのではないか。Ｔ夫は、母親や教師の期待に応えたい、あるいは、応えねばならないと思っただけだったのではないか」「Ｔ夫は、自分の気持ちをはっきり捉え、自分の気持ちに従った行動をとれることが、今は大切なのではないか。——さまざまな思いが、私の中に残った」。

　卒業式も近づき、全員が作ることになっている年長組へのプレゼントを作っていないのは５人になった。Ｔ夫を含めた３人がやり始めたが、「Ｔ夫は、相変わらず、ぐずぐずと、黒一色で紙をこすり、紙に穴があいてしまう。次の紙も、少しかいては、まるめて捨てる。３枚目は、木や人をかきかけ、私がほっとしたのも束の間、くしゃくしゃにまるめてしまう」。

　「私は、じりじりする気持ちを抑えながら、「紙はたくさんあるから、かき直しても大丈夫よ」と慰めた。Ｔ夫は、ぐずぐずしながら、小さい声で、「紙はたくさんあるから、大丈夫だよね」とつぶやく。今まで、捉えにくいと思えたＴ夫であったが、Ｔ夫のぐずぐずとした動きに、気が乗らないことが、ありありと見え、それでも、「あとでする」と言えないで、その場に縛られているＴ夫の気持ちが、痛いほど感じられた。私は、胸が詰まって、思わず、Ｔ夫を抱き寄せて、「かきたくないのね？」と優しく尋ねた。Ｔ夫は、黙ってうなずき、こらえていた涙があふれ出た。作らなければ、プレゼントを持っていくとき、Ｔ夫は、どうするだろうか」。「私の心は、いろいろな状況を

思い巡らし、困惑しながらも、その心配は、私が背負ってあげなければならない、と心に決めた。「かきたくなければ、かかなくてもいいわ。大丈夫なように、私が何とか考えるわ」今までのＴ夫の苦しさを考えると、私は、そう言わずにはいられなかった」。

　翌日、昨日作らなかった２人の子どもに声をかけて２人がやり始めると、Ｔ夫がそばにきた。「どうする？　かく？」と迷いながらそっと声をかけてみると「Ｔ夫は、はっきり「うん」と言って、さっさと草むらの中に２匹の虫をかき、あっさりと手際よく仕上げた」。

　次の日の帰り際には、今までは、クラス全体への声掛けにもあまり反応しなかったＴ夫が、「素早くコートを着て、自分から「（ファスナーを：筆者加筆）はめて」と、そばにきたのである。心なしか、表情にも、親しみが感じられた。「Ｔちゃん、早いわ」と、ほめながら、ファスナーをはめてあげ、これを“Ｔ夫の変化”と捉えていいだろうか？　と心の中で繰り返した」。

　そして、冒頭の「年長組になってからの、Ｕ先生への積極的な働きかけは、やはりＴ夫の変化の証だったのではないかと思う」と守永は書いている。

　守永は、おひなさま作りのプロセスを経て、Ｔ夫の今の育ちにとっては、自分の気持ちをはっきり捉えて、それに従った行動をとれることが大切なのではないかと考えてきた。考えてきたのは、Ｔ夫の内面の育ちにとって必要なＴ夫の気持ちへの対応である。しかし、やりたくないのではないかと感じつつも、肝心のＴ夫の気持ちが捉えにくかった。

　無になって感じようとしていた守永は、ぐずぐずしながらＴ夫が小さな声でつぶやくのを聞き、「Ｔ夫のぐずぐずとした動きに、気が乗らないことがありありと見え」と擬態語も交えて中動態で表現し、「それでも「あとでする」と言えないで、その場に縛られているＴ夫の気持ち

が、痛いほど感じられた」とＴ夫の感じている苦しさが感じられたことを、身体感覚も交えて中動態で表現している。Ｔ夫の近くで、ぐずぐずしている様子を見て、小さな声でのつぶやきを聞き、そのＴ夫と同じ状態になっている自分の身体に、守永はＴ夫の苦しい気持ちを感じたのだと読みとれる。嬉しい気持ちが共有できた中動態での語りとは違って、守永は、共有した苦しい気持ちをＴ夫に確認したうえで、即座にそのＴ夫の気持ちを考えて応答した。

　自分の気持ちを肯定してもらえたことで、Ｔ夫は守永を受け入れ、そして自分を肯定することができたのだと思う。翌日にＴ夫がさっさとプレゼントの絵を描けたことに、すでにその変化は表れ始めているのだが、数か月後に想定とは違うＴ夫の言葉を聞いた時に「私の心に、驚きと、とまどいと、喜びとが、つぎつぎに広がった」と守永は書いている。

　ここでは、様々な思いを主語として、それらの思いが、守永を場所として次々に広がったと中動態で表現している。Ｔ夫が自分の気持ちに従って行動できるようになるために必要なことを考えて、対応してきた守永だが、しかし内面の育ちとは、Ｔ夫が自ら変化していくことに他ならない。この表現からは、守永がいかにそれを願い続けながら待っていたかを読みとることができる。

(6)　守永の省察のプロセスと中動態で表現した経験

　(1)〜(5)のエッセーと語りから、その子の気持ちがわかった、感じられたと守永が中動態で表現した経験と、それに至るまでのプロセスを読み解いてきた。

　その子の気持ちがわからない状況から始まり、その子の気持ちがわかった、感じられた経験を守永が中動態で表現するまでのプロセスは、それぞれのエッセーと語りで異なっていた。しかしすべてにおいて、その

子の気持ちがわかったと守永が中動態で表現するまでには、その子の気持ちを感じようとしながら、その気持ちをその子の立場に立って考えようとし続け、またその気持ちが肯定的に動くための対応を考え続けるプロセスがあった。そのプロセスは、子どもと対話的に省察し続けてきたと言うこともできるだろう。

そのプロセスを経て、その子の気持ちを無になって感じようとして、その子の身体と同じ状態になっている自分の身体を感じた時に初めて、守永はその子の気持ちがわかった、感じられたと中動態で表現していた。その時の思いをできるだけ忠実に表現しようとした守永にとって、その経験は、「私がその子の気持ちを感じた」と能動態で表現するのではなく、その子の気持ちが、私を場所として生じたことを表す「その子の気持ちがわかった」と中動態で表現することが「うまく当てはまる表現」だったのだと思われる。

守永は、子どもとの関係について「保育者は、子どもが保育者に対して心を開き、保育者を受け入れてくれるように努力し、忍耐する」と書いている。守永がその子の気持ちがわかった、感じられたと中動態で表現するまでのプロセスは、この努力と忍耐のプロセスに相当するのだろう。

それに続けて、守永は次のように書いている。「そして、子どもが保育者を受け入れ、保育者が、保育者を受け入れている子どもを受け入れる時—つまり、この相互関係が、幼児の教育の基礎になるものと、私は考える」。この相互関係が作られる端緒が、中動態で表現された、その子と同じ状態になっている感覚的世界の身体を感じることで、その子の気持ちが感じられて、つながりあえた経験だったのだと思う。それは、その子が保育者に心を開き、受け入れる経験でもあるために、保育者にとっては想定できない恵みのような経験である。「そんな気持ちの通い合いが、20年も保育を続けさせてきたのかな」と語っているように、

それは保育者にとって嬉しい経験である。

　しかし、それはもちろん保育の目的ではない。「自分が肯定されることから、自分自身を肯定出来る姿勢が育っていってほしい」と語っているように、守永は、保育者との肯定的な関係を基礎として、子ども自身の内面が育っていくことを願っていた。中動態で表現された、その子の気持ちが感じられて共有できたことでつながりあえた経験は、保育者がその子を肯定できて、その子とつながりあえた嬉しい経験であるだけでなく、その子が肯定されて、その子の内面が育つ基礎になるのである。

4　中動態で表現される経験と保育者の知と身体

　保育とは、尊厳ある他者としての子どもが、保育者との肯定的な関係を基礎として、自分を肯定し、周囲の人も肯定しながら、自分の力を活かして生活していけるように、その子の内面を育てていくことを目的とする。それぞれの子どもを自分の理解の枠組みに当てはめたり、自分の思い通りの姿に当てはめていくことが保育ではない。本書に登場した保育者たちは、それを実践するとともに、語り、書くことによって私に教えてくれた。

　保育者たちは、それぞれの子どもを、自分とは違う人格を持ったひとりの人として尊重し、その子が何を思っているのかを感じようとし続け、考え続けてきた。それぞれの子どもと気持ちを共有できて、つながりあえるようになりたい。つながりあえたことを基礎に、その子が自分の力を活かして育っていってほしいと願っていた。そのために、その子の立場に立って考えようと努め、自分の対応を見直し続け、その子が自分を受け入れてくれるのを待つことを経験していた。

　子どもと一緒にいる時の自分について、A保育者は、「身体を緩めて、非常に柔らかい状態にする」と語り、それを「身体の構えをとる」

と表現していた。守永は、「その場では無になって理解しようとする」と語っていた。感覚的世界の身体になって、子どもの気持ちを感じられるようになろうとすることを、そのように語っていた。

　待つ時間を経て、予期せずにその子の気持ちがわかった、感じられたと中動態で表現された経験とは、所有権を放棄した感覚的世界の身体でその子の気持ちを感じて、共有できた経験だった。それぞれの子どもの成長に力を尽くす保育者の、その子の立場に立って考えようとする知と、それに連動する感覚的世界の身体を通して、深いところでつながりあえた経験だった。その多くは嬉しい経験として語られた。

　しかし、それは終着点ではない。その子と肯定的な関係を築くことができて、その子がその関係を基盤として、自分の力を活かして育っていく端緒である。その子とそれまでとは違う関係を築けるようになっても、その子の気持ちを感じながら、その子の立場に立って自分の対応を考え続ける保育者の営みは、その後も続いていく。

　本書に登場した保育者に共通して感じられた謙虚さは、子どもとつながりあえる、このような知と身体を積み重ねてきたことによってもたらされたものだったのである。

（引用文献）

1)　守永英子. "空き箱の風　3歳10月". 守永英子・保育を考える会編. 保育の中の小さなこと大切なこと. フレーベル館, 2001, 161-163（初出：保育の中の小さなこと大切なこと②―S夫とあき箱―. 幼児の教育. 1976, 75（5）, 14-15）

2)　守永英子. "汚れた靴下　4歳1学期半ば". 守永英子・保育を考える会編. 保育の中の小さなこと大切なこと. フレーベル館, 2001, 41-43（初出：保育の中の小さなこと大切なこと⑦―気にかかる子ども―. 幼児の教育. 1976, 75（11）, 30-31）

3) 守永英子. "やりたくない気持ち　4歳2月〜5歳6月". 守永英子・保育を考える会編. 保育の中の小さなこと大切なこと. フレーベル館, 2001, 104-109（初出：再び、保育の中の小さなこと、大切なこと（3）. 幼児の教育, 1986, 85（12）, 28-33）

4) 守永英子・野田幸江. 対談"保育学"事始（その1）—臨床と教育のあわいに—. 幼児の教育, 1979, 78（4）, 6-16

5) 守永英子・野田幸江. 対談"保育学"事始（その2）—臨床と教育のあわいに—. 幼児の教育, 1979, 78（5）, 6-15

6) 守永英子. 「捨てる」と「捨てない」. 幼児の教育, 1983, 82（7）, 16-17

7) 守永英子の語りより. 守永英子・保育を考える会編. 保育の中の小さなこと大切なこと. フレーベル館, 2001, 132

8) 同上. 220

9) 同上. 25-26

10) 同上. 25

11) 守永英子. "先生、早く来て！　4歳12月". 守永英子・保育を考える会編. 保育の中の小さなこと大切なこと. フレーベル館, 2001, 81-83（初出：保育の中の小さなこと大切なこと⑩. 幼児の教育, 1977, 76（3）, 22-23）

12) 前掲7）111

13) 同上. 52

14) 同上. 49

15) 同上. 75

16) 同上. 111

17) 同上. 186

18) 同上. 126

19) 同上. 184

20) 同上. 185

21) 同上. 184

22) 前掲11）

23) Nel Noddings. Starting at Home: Caring and Social policy. University of California Press, 2002, 14

あとがき

・・・・・・・・・・・・・・

　書き終えた今、改めて本書に登場してくださった保育者の方々や、本書に登場してはいないものの、これまで、子どものことを話し合ってきた保育者の方々の顔が浮かんでくる。当事者でない私が、子どもたちと先生方との間で生じていることを、少しでも言葉にできただろうか。

　保育の世界にかかわるようになって、30年以上がたつ。それまでの私は、障がいを持つ子どもたちの臨床に携わりながら、心理学の分野で、自然科学的アプローチでの研究をしていた。研究と実践を別物として捉えることで、自分の中で辻褄を合わせていた。でも、保育の分野の教員として仕事をする立場になったことで、その辻褄合わせができなくなった。実践者ではない者として保育の場に伺い、研究する立場になったからである。

　保育の場は、それまで私が携わってきた、限られた時間と空間内での臨床の場が、日常生活へと広がり、しかも多くの子どもたちが一緒に生活している場である。時間と空間が広がった開放感を心地よく感じる一方で、あたり前のことなのだが、相手や状況によって様々な姿を見せる子どもたちを目の前にして、私は一体何を見て、何を考えたらよいのかがわからなくなった。そして、それまでも、統計的手法を基盤とした心理学の方法論に収まりきれない自分がいたのだが、その方法論では太刀打ちできない世界に入ったのだと実感した。

　子育ての当事者ではあるが、保育については何もわからない私に、その面白さと奥深さを教えてくれたのは、保育者の方々だった。保育の場に身を置かせてもらって、子どもたちのことを一緒に話す時間は、私に

とってかけがえのない学びの時間だった。夢中になって子どもの話をして、後から振り返ると、それを誰が話したのかがわからないということが何度もあった。その話し合いを録音して、保育者の方々と一緒に検討した研究は、その後の私に大きな影響を及ぼすことになった。

　保育の場で生じていること、特に、子どもと保育者の間に生じている目に見えにくいことを研究したいと考えても、客観性を重視する研究の土壌では、なかなか形にすることは難しい。でも、客観的に説明したり、データとして測定できない、保育の場で生じている子どもにとって大切なことに、何とか少しでも近づきたい。実践者ではない私が、保育の場にかかわっている以上、保育者が身体を使って行っていることを少しでも言葉にして伝えるのが、私の役割なのだとも考えてきた。そして、他の分野での理論も手探りで学びながら、遅々とした歩みではあるが、少しずつそれらを言葉にしてきた。

　本書の内容は、保育者の方々や子どもたちとの偶然な出会いから始まった。でも、それぞれの出会いをきっかけとして考えてきたことを、一つの書としてまとめることができたのだから、それらの出会いは、今となっては必然だったようにも思える。
　本書のテーマの発端となった第3章の初出の論文を書いた当時は、眼差しに関心を持っていたのだが、今回、感覚的経験と間身体性に着目しながら『見えるものと見えないもの』を読み直し、考え直したことによって、第3章は書き下ろしに近いものになった。

　保育は、子ども理解に始まり、子ども理解に終わると言われるほど、子ども理解は重視されてきた。その子ども理解とは、一方では、保育の対象としての子どもの心身の発達や学習の過程の理解である。他方で、

保育者養成の教科書の中では、子どもの立場に立つこと、子どもの気持ちに寄り添うことの必要性が、随所で説かれている。後者は、対象として子どもを見るのではなく、尊厳ある他者としての子どもと生活を共にすることで、初めて可能になる。書き終えた今、改めてそう考える。そのような大人になっていくために、私たちはどうしたらよいのか。それをこの先も考えながら、保育者養成の仕事に携わっていきたい。

　本書では、子どもと保育者とがつながりあえることを巡って考えてきた。考えてきたのは、小さな世界の中でのことなのだが、子どもとつながりあえる保育者の知と身体の在りようは、保育以外の世界にも通じていると考えて、あえて、「人と人とがつながりあえる知と身体」というタイトルにした。

　尊敬する先輩の方々に、私は、人と人との関係として保育を考えることを教えてもらった。私の歩みがのろいために、その方々の多くに、もう、厳しいご指摘をいただけないのが、残念でならない。子どもと共に生きることの根本を教えてくださった方々に、心から感謝している。

　本書の出版にあたっては、和洋女子大学から研究成果刊行補助費をいただいた。編集業務を担当してくださった久保企画編集室代表の久保則之氏には、読みにくい私の文章をわかりやすくするために、ご尽力いただいた。子どもの未来社代表の奥川隆氏は、出版業界の現状が非常に厳しいなかで、本書の出版を引き受けてくださった。お二人に出会えたことで、本書を世に出すことができました。深く感謝いたします。

　　　　　　　　2023 年 9 月　　　　　　　　　　　　田代 和美

（初出一覧）

本書のもとになった論文を、以下に記す。なお、本書を執筆するにあたっては、各論文を大幅に書き改めている。

第1章
　田代和美．保育者は子どもの思いをどのように感じているのか—障がいをもつ子どもとのかかわりについての保育者の語りから—．日本家政学会誌，2018，69（7），515-525

第2章
　田代和美．中動態的に語られた語りに現れる保育者の専門性とは．児童学研究，2019，43，21-27

第3章
　田代和美．感覚的世界の身体を生きている子どもの傍らに在る保育者の専門性とは—メルロ＝ポンティの『見えるものと見えないもの』に基づいて—．日本家政学会誌，2016，67（10），545-552

第4章
　田代和美．身体感覚を伴う保育者の子どものわかり方—保育者が子どもの状態を中動態的に語ることと身体との関係—．日本家政学会誌，2020，71（11），695-702

第5章
　田代和美．子どもの気持ちがわかること、子どもとつながれることは保育者にとってどのような経験なのか—守永英子の省察と語りを中動態表現に着目して読み解く—．児童学研究，2021，46，38-47

田代 和美（たしろ かずみ）

1960 年生まれ。
筑波大学大学院博士課程心身障害学研究科修了（教育学博士）。お茶の
水女子大学家政学部児童学科専任講師、お茶の水女子大学生活科学部
発達臨床学講座助教授、大妻女子大学家政学部児童学科助教授、教授
を経て、現在、和洋女子大学人文学部こども発達学科教授。
共著に『カウンセリングマインドの探求 子どもの育ちを支えるため
に』（フレーベル館）、編著に『幼児理解と保育援助』（建帛社）、『保育
の仕事がわかる本』（日本実業出版社）などがある。

装　丁　　根本眞一（クリエイティブ・コンセプト）
編　集　　久保企画編集室

人と人とがつながりあえる知と身体—保育・身体・中動態

2023 年 11 月 4 日　第 1 刷印刷
2023 年 11 月 4 日　第 1 刷発行

著　者　　田代 和美
発行者　　奥川 隆
発行所　　子どもの未来社
　　　　　〒 101-0052 東京都千代田区神田小川町 3-28-7-602
　　　　　TEL 03-3830-0027　FAX 03-3830-0028
　　　　　E-mail：co-mirai@f8.dion.ne.jp
　　　　　http://comirai.shop12.makeshop.jp/
振　替　　00150-1-553485
組版・印刷・製本　モリモト印刷株式会社

©2023　Tashiro Kazumi　Printed in Japan
＊乱丁・落丁の際はお取り替えいたします。
＊本書の全部または一部の無断での複写（コピー）・複製・転訳載および磁気または光記録媒体
　への入力等を禁じます。複写を希望される場合は、小社著作権管理部にご連絡ください。
　　　ISBN978-4-86412-243-6　C0037